从零开始开学采购

智创管理 主编

供应链管理+成本控制+谈判技巧+仓储物流

U0314254

化学工业出版社

·北京·

内容简介

本书按照一般采购活动的流程，循序渐进地阐述采购活动的8个环节，系统介绍了采购业务的计划制订，采购谈判的方法和技巧，采购成本控制与管理，采购合同签订与管理，供应商管理，订单管理，仓储管理与库存成本控制，库存盘点与呆废料管理，格力电器、海尔集团、苏宁电器、苹果手机等企业采购的典型案例解析等内容。

全书紧密结合采购业务中经常发生的各项实际业务撰写，操作规范清晰、流程解读详细，并穿插了大量企业采购真实案例，示范采购全过程中各项业务的处理流程、方法和技巧。同时配有采购最常用的制度、表格和模板，以供读者参考，随查随用，帮助采购新手轻松掌握采购管理技能，快速胜任采购工作，降低采购成本，提高采购效率，帮助企业实现采购效益最大化，提高企业净盈利水平。

图书在版编目（CIP）数据

从零开始学采购：供应链管理＋成本控制＋谈判技巧＋仓储物流 / 智创管理主编. —北京：化学工业出版社，2021.1

ISBN 978-7-122-38043-2

Ⅰ．①从… Ⅱ．①智… Ⅲ．①采购管理 Ⅳ．①F253

中国版本图书馆CIP数据核字（2020）第244583号

责任编辑：卢萌萌　　　　　　　　　加工编辑：周　慧　林　丹
责任校对：刘　颖　　　　　　　　　装帧设计：北京壹图厚德网络科技有限公司

出版发行：化学工业出版社（北京市东城区青年湖南街13号　邮政编码100011）
印　　装：大厂聚鑫印刷有限责任公司
710mm×1000mm　1/16　印张 15¼　字数 286千字　2021年7月北京第1版第1次印刷

购书咨询：010-64518888　　　　　　售后服务：010-64518899
网　　址：http://www.cip.com.cn
凡购买本书，如有缺损质量问题，本社销售中心负责调换。

定　　价：69.00元　　　　　　　　　　　　　　　　版权所有　违者必究

在过去很长的时间里，采购被认为是一项最不需要专业度的工作，做采购的人也被认为是"打杂的"。但随着供应链环境的改善，成本理念的不断深入，如今的企业对采购普遍重视起来，甚至成为不少大企业的核心竞争力。采购职位的重要性也与日俱增。据统计，国内外很多具备一定规模的企业都设置了 CPO (Chief Procurement Officer 首席采购官)，也就是说，采购部的最高职位已经与人们一向艳羡的 CEO、CFO、COO、CMO 等同处于"C"级别，采购工作在企业中的战略地位可见一斑。

供应链管理和采购成本直接决定着企业的效益，而这两项又是采购的核心。可以说，采购涵盖了从供应商到需求之间的货物、技术、信息或服务流动的全过程，这也意味着一个企业假如不重视采购工作，其他方面的工作就很难顺利展开，要实现盈利以及盈利多少都无从谈起。

采购流程的合理性，采购物料质量的高低，以及采购人员能力的强弱都会直接决定采购活动的成效。对于企业而言，采购的目的就是花最少的钱，办最大的事。本书通过详细阐述采购活动中的各个环节，逐一解决采购人员在实际业务中遇到的多种问题，旨在为读者提供更多解决问题的思路、方法和技巧，帮助读者深刻了解采购的每一个环节，节省采购成本，提高采购效率，实现采购效益最大化。

本书共分为 9 章，按照一般采购活动的流程循序渐进地阐述了采购活动的 8 个环节。第 1 章阐述如何制订采购计划；第 2 章阐述如何进行采购谈判；第 3 章阐述如何节约采购成本；第 4 章阐述如何签订采购合同；第 5 章阐述如何选择优质的供货商以及如何与之建立良好的合作关系；第 6 章阐述如何对采购订单进行科学有效的管理；第 7 章阐述如何对采购回来的物料及仓库进行管理；第 8 章阐述如何对库存进行盘点，保证账实相符，存货资产安全、完整。第 9 章是对若干典型案例做解析。

本书语言质朴，内容通俗易懂，事理融合，以理论为辅，以方法为主；且为了增强可读性，配有大量图片、表格，以便读者轻松掌握每章节的知识，学以致用。

由于编者知识水平有限、成书时间较紧，本书存在的疏漏和不足之处，敬请指正。

目 录
CONTENTS

第1章

**制订计划：
完善的计划是成功采购的前提 / 1**

1.1 采购工作与采购计划 / 2

1.1.1 采购工作 / 2

1.1.2 采购计划 / 4

1.2 采购需求分析与采购计划编制 / 5

1.2.1 精准分析采购需求 / 5

1.2.2 采购计划的编制 / 8

1.3 影响采购计划制订的 7 个因素 / 11

1.4 确定采购模式：不同采购模式的不同策略 / 14

1.4.1 统一集中采购：最大限度地节约人、物、财 / 14

1.4.2 分散采购：充分释放采购人员的自主权 / 15

1.4.3 询价采购：选出性价比最高的供应商 / 17

1.4.4 即时采购：在恰当时间采购合适的物料 / 20

1.4.5 招标采购：发布招标公告进行招标 / 22

1.4.6 电子商务采购：互联网时代的主流采购方式 / 24

**谈判磋商：
可对整个采购过程进行有效管控 / 27**

第2章

2.1 采购谈判的内容概述 / 28

2.2 采购谈判规划与准备 / 31

2.2.1 采购谈判规划 / 31

2.2.2 采购谈判准备 / 34

2.2.3 采购谈判的流程 / 41

2.3 采购谈判的过程控制 / 45

2.3.1 采购谈判的一般步骤 / 45

2.3.2 谈判过程中应注意的细节 / 45

2.3.3 谈判议程应遵循的原则 / 46

2.3.4 采购谈判方式 / 47

2.3.5 谈判僵局的化解技巧 / 48

2.3.6 谈判收尾工作的注意事项 / 49

2.4 采购谈判策略与技巧 / 50

2.4.1 准确把握谈判对手的性格 / 50

2.4.2 处于不同优势或劣势下的谈判技巧 / 52

2.4.3 采购谈判的沟通技巧 / 53

2.4.4 采购谈判的禁忌 / 55

2.5 采购的价格谈判 / 58

2.5.1 影响采购价格的因素 / 58

2.5.2 采购询价 / 60

2.5.3 常用的询价技巧 / 64

2.5.4 了解供应商的报价类型 / 65

2.5.5 供应商报价的内容 / 66

2.5.6 确定最终的价格 / 67

2.6 采购压价技巧 / 68

2.6.1 还价 / 68

2.6.2 杀价 / 69

2.6.3 让价 / 70

2.6.4 讨价还价技巧 / 71

2.6.5 直接议价技巧 / 73

2.6.6 间接议价技巧 / 74

成本管理：
降低成本是实现利润最大化的有力保证 / 77

3.1 控制采购成本 / 78

3.1.1 采购支出成本 / 78

3.1.2 采购价格成本 / 80

3.2 通过 VA/VE 分析采购成本 / 82

3.2.1 何为 VA/VE / 82

3.2.2 何为 VA/VE 分析 / 83

3.2.3 VA/VE 分析步骤 / 84

3.3 影响采购成本的 5 个因素 / 85

3.3.1 所参与部门的配合程度 / 85

3.3.2 采购批量和采购批次 / 87

3.3.3 交货期、供货地点与付款期 / 88

3.3.4 价格差异分析能力 / 90

3.3.5 自然灾害等意外因素 / 92

3.4 降低采购成本的 5 个方法 / 92

3.4.1 ABC 分类法：对采购库存进行分类控制 / 92

3.4.2 目标成本法：以市场为导向确定目标成本 / 95

3.4.3 集权采购：降低采购风险和成本 / 96

3.4.4 招标采购：从中择优选择交易对象 / 99

3.4.5 按需订货：按需采购，避免采购过多或不足 / 100

第 4 章

**合同管理：
防范采购风险，维护企业利益 / 103**

4.1 采购合同的 3 种类型 / 104

4.1.1 分期付款采购合同 / 104

4.1.2 试用采购合同 / 105

4.1.3 凭样品采购合同 / 106

4.2 采购合同签订的 6 个步骤 / 108

4.2.1 拟订采购合同 / 108

4.2.2 提交审批采购合同 / 111

4.2.3 签署采购合同 / 112

4.2.4 变更采购合同 / 114

4.2.5 取消采购合同 / 116

4.2.6 终止采购合同 / 118

4.3 合同生效、修改或终止需满足的条件 / 120

4.3.1 确保合同有效性的条件 / 120

4.3.2 采购合同的签订原则 / 120

4.3.3 采购合同的修改条件 / 121

4.3.4 采购合同的终止条件 / 122

4.4 签订采购合同时的常见问题 / 124

4.4.1 物品价格疯涨，供应商要求变更合同怎么办 / 124

4.4.2 供应商逾期交付怎么办 / 126

4.4.3 过了验收期发现质量问题怎么办 / 127

4.4.4 合同签字盖章后，就一定生效吗 / 128

4.4.5 合同没有签字盖章，就一定无效吗 / 130

4.4.6 已离职人员签的合同还有效吗 / 131

4.4.7 没有签字权利者签的合同有效吗 / 133

第5章

供应商管理：
与"后援团"搞好关系，实现准时采购 / 135

5.1 寻找供应商的渠道 / 136

5.1.1 利用百度引擎搜索 / 136

5.1.2 利用阿里巴巴的"企业采集" / 137

5.1.3 从批发市场中寻求货源 / 138

5.2 选择供应商的 5 个步骤 / 139

5.2.1 了解供应商行业特点 / 139

5.2.2 了解供应商的类型 / 140

5.2.3 收集供应商基本信息 / 140

5.2.4 了解供应商供货能力 / 141

5.2.5 确定供应商 / 144

5.3 供应商选择的影响因素 / 146

5.4 与供应商建立长久稳定的合作关系 / 147

5.4.1 与品牌商战略性合作 / 147

5.4.2 与厂家订制式合作 / 148

5.4.3 与批发市场双赢式合作 / 148

5.5 供应商的有效管理 / 149

5.5.1 供应商档案归档 / 149

5.5.2 把供应商当作分厂看待 / 150

5.5.3 持续对供应商进行绩效考核 / 151

5.6 与供应商的关系处理 / 151

5.6.1 平等对待供应商 / 151

5.6.2 不要被供应商牵着鼻子走 / 152

5.6.3 不要热衷于淘汰供应商 / 153

第6章

订单管理：
订单管理确保物料满足生产计划要求 / 155

6.1 订单下单流程 / 156

6.1.1 提出采购申请 / 156

6.1.2 做好下单前的准备工作 / 158

6.1.3 向供应商下单 / 159

6.1.4 签订订单 / 160

6.2 对订单进行跟踪 / 161

6.2.1 订单跟踪的形式 / 161

6.2.2 设置合适的前置期 / 162

6.2.3 订单追踪的情形 / 163

6.2.4 下订单阶段的跟催细节 / 163

仓储管理：
保证采购而来的物料存放安全、使用便捷 / 165

第7章

7.1 仓库规划 / 166

7.1.1 仓库选址分析与评估 / 166

7.1.2 仓库货架设置与划分 / 168

7.1.3 仓库管理员的业务 / 170

7.1.4 仓库管理岗位职责界定 / 172

7.2 物料的摆放与储存 / 175

7.2.1 如何合理摆放物料 / 175

7.2.2 仓库整理的技巧 / 176

7.2.3 物料储存环境注意事项 / 178

7.3 仓库安全管理 / 179

7.3.1 如何防止物料损坏 / 179

7.3.2 如何对物料进行消防管理 / 182

7.3.3 如何设置合理的防盗系统 / 184

7.4 库存成本控制：以最少存货获取最大利润 / 186

7.4.1 库存成本构成 / 186

7.4.2 库存成本计算方法 / 191

第 8 章

**库存盘点：
为下阶段的采购提供依据 / 195**

8.1 库存盘点 / 196

8.2 库存盘点的步骤 / 198

8.3 库存盘点的方法 / 202

8.4 库存盘点的策略 / 204

8.4.1 定期与不定期相结合 / 204

8.4.2 开库与闭库相结合 / 206

8.4.3 全面与连续相结合 / 208

8.4.4 随机与永续相结合 / 210

8.5 呆废料管理 / 212

8.5.1 呆废料的概念 / 212

8.5.2 明确呆废料产生的原因 / 215

8.5.3 呆废料的处理办法 / 217

8.5.4 有效预防物料变成呆废料 / 219

案例解析 / 221

第 9 章

9.1 格力电器：自建 + 第三方的物流模式 / 222

9.2 海尔集团：集中采购模式 / 224

9.3 苏宁电器：三位一体的采购模式 / 226

9.4 苹果手机：集权 + 分权的采购策略 / 228

9.5 美国本田：基于成本的采购模式 / 230

9.6 双汇集团：基于质量的采购模式 / 232

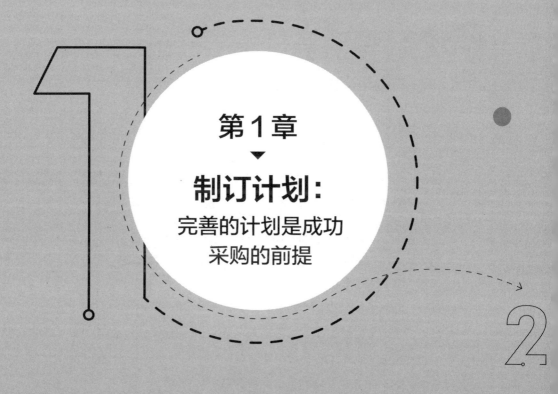

第1章

▼

制订计划：
完善的计划是成功采购的前提

采购计划的完善意味着可以更好地确保零售商在现有库存与计划销售额之间保持稳定性的平衡。而制订一个适应市场的采购计划需要注意的事项有很多，比如，企业的实际需求、企业内外部的充分协调、企业各部门的互相配合、紧紧跟随市场实际等。

1.1
采购工作与采购计划

1.1.1 采购工作

任何企业，尤其是生产型企业都离不开采购，采购工作是企业经营管理工作中必不可少的组成部分。那么，什么是采购？所谓采购，是指企业在一定条件下从供应市场获取产品或服务作为自己的资源，为满足自身需要或保证生产、经营活动正常开展的一项经营活动。

采购是一项非常复杂的商业性活动，涉及面非常广。它集物流与商流于一体，既是一个资源转移的过程，也是一个钱物交易的过程，如图1-1所示。

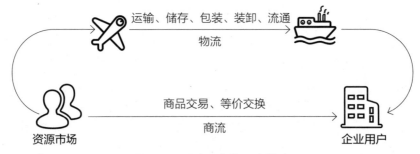

图 1-1　采购工作的两个转移

资源在从资源市场供应者向企业转移的过程中，需要实现两个"转移"：一是通过商品交易、等价交换等实现物质从供应商到用户商品所有权的转移；二是要通过运输、储存、包装、装卸、流通等手段实现商品空间位置、时间位置的转移。

商流与物流在采购工作中缺一不可，只有这两个方面都完全实现了，采购工作才算完成。也正因如此，采购也被认为是一项难度较大的工作，综合性强，从事采购工作的人员必须具备较强的专业知识和综合素养，不仅要像销售人员那样懂得谈判，还要像会计、出纳一样精通成本核算，像企业法务一样了解法律知识，像库管员一样学会仓库盘点等。

采购人员应具备的知识和技能如图1-2所示。

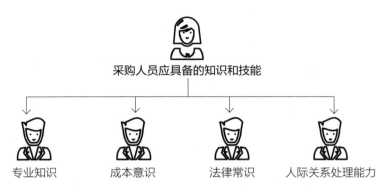

图 1-2　采购人员应具备的知识和技能

（1）专业知识

采购人员必须精通专业知识，即掌握与所购买物料相关的知识，对物料的市场行情、价格、供应商要非常了解。比如，一个负责采购机器零件的采购人员，必须掌握足够的机械知识，并且对所购买零件在当前市场上有多少供应商以及这些供应商所提供产品的种类、质量、价格等都要十分了解。

（2）成本意识

采购支出是销货成本的主要构成部分，因此采购人员必须具有"成本效益"观念，随时将所投入成本与产出加以比较，并善于精打细算。这就需要采购人员具有一定财务知识和处理技能。在对于报价单的分析上，要详细比较采购物品的种类、数目和进货厂家，不仅仅是与上一年的成本报价进行对比，还应当注意与公司近年来的整体成本报价进行比较。

（3）法律常识

合同的签订及合同条款的处理是采购人员经常面对的工作内容，若遇到合作方违约，需要承担法律责任的情况，还需要积极拿起法律武器维护自身权益。因此，采购人员必须具备一定的法律知识，懂得如何与供应商谈判价钱、协商合同条款，如何运用法律维护自身权益等。

（4）人际关系处理能力

与销售人员一样，采购人员也要经常和各种各样的人打交道，对内要经常与各部门人员接触，了解各部门的采购需求；对外要与各种供应商周旋。因此，采购人员必须擅长处理各种人际关系，尤其是在和供应商谈判时，要善于抓住对方的心理，能用最优惠的价钱，买到需要的物料。

1.1.2 采购计划

采购工作的复杂性决定了采购必须要有明确的计划，并严格按照计划执行。采购计划是企业采购部门在企业生产经营活动中根据物料的消耗规律，或其他使用部门对物料的具体需求，结合市场供求情况，对计划期内物料采购管理活动所做的预见性的安排和部署。

（1）采购计划的作用

采购计划在采购工作中的地位和作用非常大，在采购之前必须先制订好恰当的采购计划。采购计划的作用体现在以下3个方面，如图1-3所示。

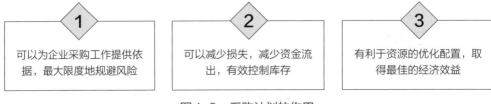

图1-3　采购计划的作用

①可以为企业采购工作提供依据，最大限度地规避风险。对于采购为什么要做计划，很多人不太理解，甚至不以为然，认为计划可有可无，要买什么、买多少，直接执行就可以了。其实不然，计划是为执行所做的预设性的规划，做任何事情，一旦没有计划执行起来往往难以如愿。

例如，企业需要采购一批医疗设备，在采购之前，需要制订一个关于采购医疗设备的采购计划，彻底了解到底需要什么样的设备，哪种最合适，各有什么用途，数量为多少，型号是什么，以及使用部门对精确度的要求、对品质的要求等。只有将各种具体要求列入计划之中，并列出实施步骤，才能按部就班地进行选择，并找到最适合自己的产品。

②可以减少损失，减少资金流出，有效控制库存。在现代企业管理与运营中，资金流紧缺是一种常见的现象，因此，很多企业都在实行精细化管理，建章

立制，降资压库。压缩库存，减少资金占用的方式有很多种，例如：代储代销、计划管理等。但通过需求计划和采购计划予以控制是较有效的方法之一。物料的采购做得好，一方面能减少资金的流出，另一方面能控制库存，压缩库存占用资金的比例，盘动盘活库存资金，如果控制得好可以大大提升资金的使用效率，减小资金短缺的压力。

③有利于资源的优化配置，取得最佳的经济效益。制订采购计划有利于资源的合理配置，以取得最佳的经济效益。这是因为有计划的采购对把握市场很有帮助，至少不会出现断货的现象，生产车间或使用部门也不会出现停产的现象。

（2）采购计划的分类

采购计划根据不同的需求，在不同的场景中有不同的分类。

①按计划期限的长短分。包括年度物料采购计划、季度物料采购计划、月度物料采购计划等。

②按物料的使用方向分。包括生产产品用物料采购计划、维修用物料采购计划、基本建设用物料采购计划、技术改造措施用物料采购计划、科研用物料采购计划、企业管理用物料采购计划等。

③按物料的自然属性分。包括金属物料采购计划、机电产品物料采购计划、非金属物料采购计划等。

1.2
采购需求分析与采购计划编制

1.2.1 精准分析采购需求

采购需求分析是指采购人员依据企业使用需求与市场供给情况，结合采购计划，比如，需要多少物料、需要什么样的物料，以及物料价格、规格、物流仓储等，来制订采购清单的过程。这份清单需要明确采购什么物料、采购数量是多少、什么时候采购，以及怎样采购等问题。

分析采购需求是开展采购计划的第一步，只有做好采购需求的分析，才能促成采购目的的顺利达成。所以，采购需求的分析决定着采购工作能不能接近受众和市场需求，能不能最大限度地利用企业提供的资源达成采购的最优解。

采购需求分析是制订采购计划的基础和前提。如果前期没有进行大量的需求分析，采购计划的制订就是无源之水、无本之木，制订出来的采购计划也会缺乏针对性，难以实现最终的采购目的。

那么，如何对采购需求进行科学、合理的分析呢？主要有两种方法，分别是对内分析和对外分析。这两种分析方法相辅相成，缺一不可。对内分析和对外分析的关系，如图1-4所示。

图1-4　采购需求的两种分析方法及其相互关系

（1）对内分析

①了解企业内部的具体需求。对内分析一般是指对企业内部需求的分析，其分析的重点对象是企业内部对采购部门提出的供货要求和供货品种，以详细了解企业对于供货产品质量和数量、品牌和规格以及技术层面上的要求。

②企业的采购预估。对内分析还要根据企业内的物料消耗情况和企业的物料仓储情况随时预估并补充采购需求，所以必须先对企业物料的仓储情况有详细的了解，再结合企业拨款情况来安排采购。

采购预估常用的方法一般有以下3种，如图1-5所示。

技术分析法	技术分析法是利用金融市场最简单的供求关系变化规律，寻找、摸索出一套分析市场走势、预测市场未来趋势的金融市场分析方法。是分析金融市场波动规律的常用方法，其根本的依据是市场的供求关系变化。
统计分析法	统计分析法是把企业最近一段时间内生产该产品所耗工时的原始记录，通过一定的统计分析整理，计算出时间的消耗水平，以此为依据制订劳动定额的研究方法。
经验评估法	经验评估法是按照经验法则或其他指引缩短决策时间的方法。经验评估法有时可以取得很好的结果，但有时会产生系统性偏差，即认知偏差。在采购预估领域，这些偏差会导致投资决策产生错误。

图1-5　采购预估常用的3种方法

（2）对外分析

对外分析一般是指对供应商的分析，在对供应商分析时必须牢牢把握市场变动情况，打好信息战。在采购需求对外分析中有个显著的特点就是得市场者得天下。首先，采购对象一般是原材料，但是生产出来的产品必须适销对路才能为企业创收。其次，在原材料的进货过程中，选择与什么样的厂家合作、购买什么级别的原料都应该将市场的需求列为重要参考。

在进行对外分析时可以从以下3个方面入手，如图1-6所示。

主动了解市场、跟踪市场	采购行为很大程度上是一个主动出击的行为，面对的是庞大的市场、纷繁的选择空间，若是仅仅根据供应商反馈的信息来判断，而不主动亲自接触市场，就容易被市场洪流所裹挟。我们要主动了解市场、融入市场之中。
分析消费趋势、把握消费者心理	首先要分析消费趋势，比如，受众群体的喜好、受众收入水平、营销广告和促销能力等，这些都可能对采购需求产生重大影响。同时，要注重消费者的心理变化，比如，对价格的接受度、求实求美心理等。
ABC 分析法	ABC 分析法是指根据不同的指标值将产品分为三类（或多类），并且对每类产品采用不同的管理方法。ABC 分析法主要可以分为一个单位购买多个品种和多个单位购买同一品种两种类型。

图1-6 对外分析的步骤与方法

下面详细阐述ABC分析法的两种类型。

①一个单位购买多个品种。大多数采购以这种采购方式为主。一方面，在不确定货源稳定性和质量的情况下，为确保供货及时、足额，减轻采购风险，采购人员往往会采用这种采购方式，货比三家。另一方面，有的企业为考察供货商的供货能力，在一定时间内双方需要通过基础商贸建立信任。只有供货商所提供的物料质量达到要求，采购方才可能考虑承担风险，与其建立长期伙伴关系。

这种方式的不足之处在于，由于企业在每个阶段对原材料的消耗能力是不同的，再加上有些原材料在使用时对产品的外观、手感等往往有一定要求，导致原材料会出现囤积浪费现象。所以，一个单位购买多个品种的原材料会使企业在生产过程中的可选项目增多，降低生产的风险。

②多个单位购买同一品种。这种采购方式往往适用于那些对原材料需求比较单一的企业，例如，钢铁冶炼、煤炭加工厂等。它们的模式一般是一次订货一次进货，简单直接，容易比较供货商的产品质量和价格。这种采购方式的最大优势

就是选择范围有限，更容易发掘出适合企业需求的供货商，而且价格变化幅度较小，更容易达成长期合作意向。

无论是对外分析还是对内分析，都是采购需求分析中必不可少的两大部分。一个合理的采购需求，能够客观地反映采购物品的主要门类，进一步确定与之对应的供应商，在很大程度上符合适用原则、非歧视原则，并且切合市场实际，既满足供应商的基本需求又满足开发商的基本需求。只有在充分合理的采购需求分析和市场调研的基础上，才可能遴选出适合企业长足发展的供货商，为生产线的流畅运行提供智力支持和市场保障，从源头上减少企业前期耗资带来的风险，为企业创收再上一份保险。

1.2.2 ● 采购计划的编制

为了合理制订企业采购计划，明确采购重点，提高采购部门的采购水平，需要制订企业采购计划流程，主要包括以下3个方面，如图1-7所示。

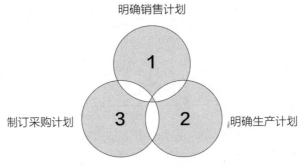

图1-7　制订企业采购计划的流程

（1）明确销售计划

制订采购计划应该先明确销售计划，销售计划的明确一般应该考虑以下几个方面的情况。

首先，对企业近年来的运营情况、盈利情况、受众收入水平变动情况、竞争对手实力变化情况等方面予以详细考察，尤其是企业自身的经营水平，既不能过低估计，也不能好高骛远。

其次，结合销售部门主要负责人员的建言献策，以及他们对市场的第一手资讯来明确计划。因为长期活跃在销售部门一线的工作人员和相关负责人对市场有最亲密的接触，他们的实践经验是直接的、不可复制的。

再次，结合产品的销售实际，明确具体的安排。在制订销售计划时，具体细节中应该明确每天、每星期、每月和一年内应该达到的目标。建立奖惩机制，在完成原有工作目标的基础上，业绩突破到一定百分点应该给予绩效奖，对没有完成原有工作目标的个人以及部门给予适当惩罚，以确保销售工作顺利进行。

最后，密切关注客户的订单意向。由于企业在长期的运营过程中一般都已经积累了某些固定客户，其中包含各个等级的客户群，根据他们对企业发展的影响可以分为大客户和一般客户。企业的销售计划应该秉承着重点抓大客户的原则，兼顾小客户的需求。另外，还应该关注潜在客户的影响，使潜在客户转化为企业的固定客户，也可以提高销售量。每个企业都有大量的潜在客户，他们大部分没有特别属意哪家企业的产品，购买产品时属于观望阶段。要想吸引此类人群的青睐，至少要做好3点：一是具有高性价比的产品，二是提供优良的服务，三是有强大的广告效应。现阶段大部分企业提高销售水平主要依靠提升服务水平，因为这是一种前期成本投入小，后期收益很可观的销售附加服务，比如闻名遐迩的海底捞服务，其主要利用消费者的口口相传建立良好的口碑，实现强大的广告效应，从而转化为大量的忠实客户。

（2）明确生产计划

生产计划会随着销售计划的变动而变动，因此，制订生产计划必须以销售计划为基础。销售计划反映市场需求，生产则要为市场而生产，生产计划是直面市场需求的计划。企业生产计划与市场需求对接得越准确，企业利润也会越高；反之，企业生产计划与市场脱节越大，企业亏损越多。

①生产预测计划。生产预测计划的制订应当考虑内外两个方面的内容：一是外部市场对于企业产品的需求量的变化情况，二是企业内部现有物料的储存情况和企业各个环节对物料的消耗能力。

生产量是由销售量和市场需求量决定的，销售预测结果越理想，生产预测数值就会越大，而生产预测计划的制订主要参考销售计划；生产预测应该根据本年度年底预计库存来进行。本年度年底预计库存包括库存种类和数量，库存数量越大、种类越丰富，次年生产进货量就应该适当减少。预计现有物料满足生产能力比较强，则可以相应减少富余种类物料的采购。

②物料需求计划。物料需求计划是企业物控人员根据生产预测计划、物料清单、库存状况，指定次年度物料需求的计划。物料需求计划必须参考生产预测计划，因为物料需求计划与生产预测计划之间环环相扣，密不可分。有了生产预测计划之后，企业物控人员就要负责分析出生产指定产品所需物料的主要种类、可替换的范围的宽窄、价格的高低、物料供应商的选择等方面的问题，以及根据当地实际生产情况考虑物料采购的可实现性有多大等情况。企业物控人员再据此制作出适合企业实际情况的物料清单。一个好的物料清单应该最大限度地减轻企业的成本投入，确保产品原材料质量尽可能上乘，为行业内物料权衡下的物料采购最优解。

③采购数量计划。采购数量应该保持在物料实际消耗与需要的波动范围内，必须考虑到物料实际经费支出的问题和企业库存状况。

各单位依据年度指标的变化、生产计划来预测次年各种物品消耗的需求量，编制出采购数量计划。采购数量过多会造成资源浪费，因为很多物料都存在时间限度，存放时间过久会变质或贬值，而且也会浪费企业资本，占用企业仓储面积；采购数量过少则可能导致企业错失产品销售的黄金期，错失竞争机遇，导致产品贬值，进而导致产品囤积和企业亏损。

（3）制订采购计划

制订采购计划这一任务主要由企业采购部负责，其他各部门将各自的采购需求汇总到采购部，由采购部统一制订企业总采购计划。

编制采购计划应该注意以下3个事项。

①避免单极化趋势。要避免单极化趋势，不可过于乐观，也不可过于保守。采购计划参与人员需要充分考虑各方意见与市场情况，制订出科学合理的采购计划。在采购计划的初稿完成之后应当交由采购部内部先讨论、审查、补充，再交由企业上层领导，经统一决策、修改才能通过。

②评估企业年度目标达成的可能性。企业年度目标达成的可能性大则可以投入采购，反之，可能性小则先采购部分紧急需要的物料，满足短期内生产的需要，待情况稳定后，再采购剩余物料，以规避风险。

③考虑物料标准成本的影响。物料成本在一定时间内常常有较大波动，采购人员要予以充分考虑。对于成本较低、企业需求量较大的物料，在编制采购需求时可以考虑扩大储备量。

影响采购计划制订的7个因素

编制采购计划是一项复杂而又细致的工作，常常会受到内、外部多种不良因素的影响。一个好的采购计划，一定能对已经发生或将要发生的变化因素进行深入的分析和预测，这样才能够有效地避免投资风险，最大限度地降低成本浪费。

影响采购计划制订的因素主要有7个，如图1-8所示。

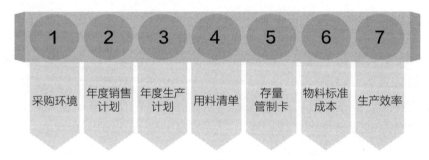

图1-8　影响采购计划制订的 7 个因素

（1）采购环境

采购环境主要是指影响采购的内、外部不可控因素，它们是影响采购计划制订的首要因素。这些不可控因素见表1-1所列。

表1-1　采购环境的内、外部不可控因素

内部	技术水准	技术水准有限的中小型企业一般采购的原料技术等级低、质量一般；大型企业由于实力雄厚，技术水准和生产设备都比较先进，采购时一般选择较为高端的原料
	人力资源	大型企业人力资源丰富，内部生产消耗的原料比较多，生产产品种类数量多，对市场供给能力强，采购计划的制订比较庞大和耗时
	厂房资源	不同类型的企业，其厂房设备对于制订采购计划也有不可忽略的影响。所采购的原料必须适合企业的生产水平，生产水平的高低要依赖于现有的厂房设备。厂房设备的质量越好，采购计划中的物料等级越高，其选择面就越大，越有利于企业采购计划的选择、实施

外部	企业声誉	企业在经营状况良好的情况下一般会有较好的社会评价，这就给企业带来了一些社会影响力。社会评价越高，企业声誉就越好，支持者也就越多，在原料采购时也会影响供货商对企业的重视程度及其设定的价格标准

（2）年度销售计划

制订采购计划要参考年度销售计划。市场上可能出现供不应求和供过于求的两种状况，大多数行业一般是供过于求为主。企业年度经营计划要以销售计划为参考依据，而销售计划的制订往往受到销售预测的干预。

（3）年度生产计划

年度销售计划是年度生产计划制订的标准，年度生产计划是为年度销售计划服务的。当年度销售计划过于乐观时，产量过高，市场饱和，产品就会囤积下来变成存货，面临着贬值的风险；当年度销售计划过于保守时，企业的生产不能及时满足顾客的需求，将会使企业丧失在市场中的有利形势，导致企业利润遭受损失。

生产计划的制订失利，往往和销售人员对市场需求量的预估失当有关，无论是总生产计划预估适当，还是在生产中计划朝令夕改，都会牵涉到采购计划和采购预算的变动，物料供需就容易出现失衡状况。

（4）用料清单

产品生产用料清单必须具有及时性，如果超过时效，用料清单是不适合企业实际生产需要和市场需求的。特别是在高新技术产业中，用料的更迭时间更短，而且采购的原料不易得。所以，一份及时反映企业要求和市场需求的用料清单显得非常重要。

同时，企业随着技术的改进、设备的更新，可能会减少生产单位产品所花费的原材料，这时候就需要重新根据产量，测算物料需求数量和引起实际的物料使用量的变化。

（5）存量管制卡

存量管制卡可以记载企业库存变化情况，及时反映出实际物料与账目是否一致，以及物料存量是否全为优良品。若是账目上的数量和仓库架台上的数量相符，或者存量中皆为规格正确的物料，那么仓库中的数量就很接近于实际上的可取用数量，采购计划中的应该采购数量就不会偏高或偏低。

（6）物料标准成本

采购部门在拟定采购计划时，无法准确判断市场上具体物料收购价格，所以一般会根据物料标准成本，在不偏离物料标准价格太多或太少的基础上制订采购计划。但是物料标准成本与物料实际购入价格之间必然存在一定的差距，这也是考验采购预算正确性的基本标准。物料标准成本主要参考过去的采购资料，在大量的参考资料综合分析中确定物料标准成本。

同时，还需要工程人员严密、精确地计算其原料、人工及制造费用等组合或生产的总成本。因为随着时代的进步，生产要素的可替代性变强，生产效率不同程度的提升，生产的总趋势是成本越来越低，劳动效率越来越高。物料标准成本随着原料的选择面变大、对单一原料的依赖性减弱等因素，必然有或高或低的下降，这对于企业的运营成本降低是有帮助的。

（7）生产效率

生产效率的高低将会影响物料需求量和实际耗用量。生产效率的降低在同样的时间内将会消耗更多物料，原有的采购计划中的数量将难以满足生产需要。要想生产出规定数量的产品，则需要更多的物料。产量过低还会导致机器耗损情况加剧，对于零部件的替换和机器整体的替换也将成为采购计划的一部分。所以，如果生产效率有降低的趋势时，就要把额外的机器耗损也算进去，才不至于在生产过程中出现猝不及防的物料短缺现象。

但是，随着科技的发展和劳动生产率的提高，原材料的消耗将会越来越少，变废为宝与综合利用原材料进行生产才是当下的趋势。因此，采购计划中采购数量将会逐年减少，机器的报废率和维修费用也会显著降低。

影响采购计划的因素往往很多，这里不再一一列举。最关键的是，在采购计划制订出来之后，必须及时调整和修订，使之适合市场环境与企业需求的变化。

确定采购模式：不同采购模式的不同策略

1.4.1 · 统一集中采购：最大限度地节约人、物、财

统一集中采购是企业核心管理部门组织的，将所需要的物料进行统一购买的形式。伴随着连锁经营范围的扩张以及特许经营、原材料行业供应商的涌现，集中采购逐渐被更多的企业采用。

统一集中采购有着不同于其他采购方式的优势，比如，采购量大、稳定性好、效率高、成本低等。这种采购形式多适用于大型企业或者政府部门。采购力度在一定程度上反映了采购企业的实力和运营水准，折射出企业在市场上的定位和认可度。统一集中采购实施的策略包括以下4个方面，如图1-9所示。

图1-9　统一集中采购实施策略

（1）深入供货市场，培养敏锐的市场嗅觉

只有实践才能检验真理，同样，只有切实深入采购市场中去，才能掌握第一手新鲜资料，对市场的预估和采购风险的价值评判才不会失之偏颇。无论是书本上的采购资料还是那些号称最新的市场调研都不能成为采购决策的依据，因为只有结合所在地具体情况的决断才是最为科学有效的。其次，无论是何人搜集来的行情和资讯对我们来说都只能算作二手资料，毕竟，那是经过他人的主观思考之后整理的情况，并不一定完全适合企业的情形。常规意义上，采购人员往往习惯于凭借对于市场的了解和行业经验完成采购计划，然而这种通过主观判断做出来

的采购计划往往带有强烈主观性，不能很精确地反映市场的微妙变化，这对于集体采购计划和策略的制订是不利的。此类凭借经验的采购方式相较于实地的、有针对性的市场调研，明显更加缺乏科学性和时效性，不是妥善的选择。

（2）精简采购手续，缩短采购过程

众所周知，但凡集体采购往往涉及人员和相关部门较多，向上审批、决策层次较高，采购手续进程往往容易被拖延，严重影响办事效率。而且采购过程如果拖延较久的话，容易影响企业整体运营和长期稳定。要想在外提高采购效能，就得在内先提升行政工作水平，因此，采购部门应内部齐心，危急关头可适当舍弃无效或者用处不大的采购手续。

（3）制订以企业需求和市场诉求为导向的采购方案

良好的采购方案是统一集中采购的指南针，市场需要什么样的产品，企业应该在采购之初认真做好调研，随之确定符合市场主流趋势的采购方案。只有这样，在采购选择时才能明确企业需要采购的物品在市场同类产品中可供选择的范围和方向，万万不可大海捞针，盲目搜索目标。符合市场需要的集体采购才更容易赢得市场的欢迎和消费者的好评，这样采购工作的第一步才是成功的。

（4）密切关注供货市场，与供货商保持良好的关系

关注供货市场可以第一时间内把握市场信息，而市场信息对于节省采购成本、拓宽物品供应范围是有帮助的。若是供货商出现紧急情况，导致企业采购工作衔接不上，企业往往需要在短时期内寻找新的合作伙伴。这就要求相关采购责任人要充分了解供货市场动向，有能力快速锁定新的、认可度高的合作商，及时采购物料，使企业生产经营活动得以正常运转。

同时，供货市场上常常存在着因为毁约或者时间差而滞留的物料，急需短期内低价抛售，采购部门应密切关注，适时以低价买下这些原材料，从而能大大节省企业在原材料采购方面的支出。

1.4.2 分散采购：充分释放采购人员的自主权

分散采购是企业中各部门、分公司、子公司等独自采购，以满足各自生产和

经营需求的一种采购形式。这种采购形式大多适用于企业各部门所需原料较为多样化、数量少、需要多次采购的情况。由于采购过程较为分散、采购种类较为烦琐，分散采购往往花费的时间加起来要多于集中采购，物料单价可能高于同期大批量采购的价格。但是，这种采购方式大部分针对小宗货物，因而方便灵活、目的性强且手续简单。

分散采购最大的优势在于大大增强了采购者的自主性，使其可以灵活变通地选择质优价廉的产品原料，做到随时货比三家，也可以有效规避与供货商接洽的风险。同时，企业采购部门可以根据采购状况及时调整生产策略和生产方向，对于提高市场竞争力有好处。

各部门分散采购实施的策略如图1-10所示。

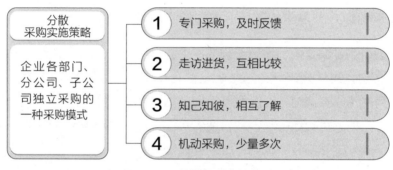

图1-10　分散采购实施策略

（1）专门采购，及时反馈

各部门应该设置专门的采购负责人，专门负责该部门采购人员的调集和采购任务的分配，使部门内部做到统一调度和互相配合。分工明确之后，采购人员统一行动，将各自的任务进展情况及时汇报给采购负责人，避免采购过程中出现重复或者赘余的情况。这也使部门间采购信息能及时反馈、任务及时对接，便于随时发现问题，查漏补缺，顺利完成采购任务；也便于第一时间得到上层领导的行政审批，缩短采购进程，完善采购计划。

（2）走访进货，互相比较

由于部门分散采购往往采购的都是一些小批量的产品以及原材料，很少出现原料市场供货量不足的情况。这时候，如果实地走访原材料市场，往往可以货比三家，选择质优价低的供货商。而且，由于不需要通过与供货商长期合作来保持稳定的物料来源，在采购选择上就有了更多的随机性和灵活性，可以适时调整原材料的具体类型，起到节约成本的效果。

（3）知己知彼，相互了解

通过实地考察市场来进行物料的选择和比较还有一个隐性的好处，就是可以了解行业内其他企业的供货选择，从源头上战胜竞争对手。最简单可行的方法是采购人员可以以普通消费者的身份走访各供货商，观察对手企业采购人员，看看对手企业采购人员如何选购物料、洽谈进货价格，从而学习他们的采购策略。如果我们能充分了解其他企业在供货市场竞争中的优势与不足，有针对性地进行比较和改进，可以为后续采购计划的制订积累经验。

（4）机动采购，少量多次

对于部门分散采购来说，由于采购量不多，存储占用空间少，而市场价格又时常处于波动之中，往往一次采购容易错失价格低谷时期，又因为企业经营不能没有持续的供货，所以，最好以中等的价位先采购三分之一左右的货源，然后伺机而动，抓住市场低谷点，机动地完成剩下的采购任务。

1.4.3 · 询价采购：选出性价比最高的供应商

询价采购是指采购人向有关供应商发出询价单让其报价，在报价基础上进行比较，并确定最优供应商的一种采购方式。采购的物料规格、标准统一，现货货源充足且价格变化幅度小的政府采购项目，可以采用询价采购的方式。

（1）询价采购的实施策略

询价采购的实施策略如图1-11所示。

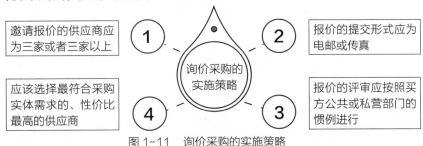

图1-11　询价采购的实施策略

17

①邀请报价的供应商应为三家或者三家以上。在询价采购过程中，应该注意要大面积询价和大范围了解市场主流定价，因为市场定价常常处于波动当中，可能是一段时间内向下波动或者向上波动，所以采购时询价的供应商应该尽可能覆盖主流的供货企业。最好的方案是将供应商召集在一起进行竞价，选择性价比最高的进行合作。

②报价的提交形式应为电邮或传真。询价采购覆盖通常比较广，一批物料往往要在全国甚至全球范围内采购，可以比较出不同国家与不同地区的物料质量和价格，优中选优，因此跨国采购常常出现，由于距离较远，一般采用电邮或者传真的形式。此种方式可能没办法切身了解当地具体情况，但可以通过网络尽可能地了解，防止虚假报价等。

③报价的评审应按照买方公共或私营部门的惯例进行。在供应商选择结果出来之前的评审工作可能有暗箱操作的空间，但是企业选择供应商应该以企业利益为重，除了买方公共部门或者私营部门评审之外，还要有监管部门考察是否符合企业惯例和公平性原则。报价的评审在部门内部通过之后，应该上交企业上层管理人员进行审查，起到监督威慑作用。

④应该选择最符合采购实体需求的、性价比最高的供应商。采购合同的签订理应以企业长远发展为考量，减少企业运营成本，增大获利空间。一般情况下，供应商之间也存在竞争关系，最低报价之间会存在差别，但是差别不会很大。如果企业规模大，对物料的需求大，供货商为了和企业合作可能会压缩利润空间，这时候对于企业采购部门来说是个比较好的机会。如果采购部门最终没有选择这样的供货商或承包商，那么应该向企业监管部门详细汇报情况，解释原因。

（2）询价采购的必要条件

采用询价采购时应具备3个必要条件，且必须同时满足。这3个必要条件如图1-12所示。

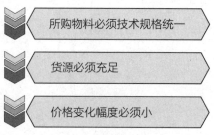

所购物料必须技术规格统一

货源必须充足

价格变化幅度必须小

图1-12　采用询价采购时的3个必要条件

①所购物料必须技术规格统一。询价采购对于物料种类多、单次采购量少的物料不太适用，因为那样涉及的供货企业数量大，而且不同类型的企业之间要分批次进行比较和选择，很不方便。而物料技术规格统一时，就只需要向同类型的主要几家企业询价，根据报价就可以选择出供货企业，这样采购步骤少，人力物力消耗少，适合询价采购。

②货源必须充足。询价采购一般是一次询价并直接大量采购，如果物料不充足的话就需要二次、三次询价，更换供货商，这样是很费力的。供货商的货源充足不是指短期内货源的数量、质量达到企业需求，而且一旦市场需求变大，企业需要扩大生产规模，供货商供货能力也能保持稳定，这要求供货商供货能力有比较大的弹性，能满足企业需求。

③价格变化幅度必须小。询价采购一般针对价格变化较小的物料采购，因为如果价格变化幅度较大，可能在短时间内忽高忽低，如果采购完成之后价格忽然变高，那么采购物料可以算是把握住了良好的机遇，但是如果价格突然变低，那么对于采购商来说是极其不公平的。只有价格变化幅度小，企业才会选择短时间内采购大量物料，也才会用询价采购的方式采购。

（3）询价采购的弊端

询价采购的优势决定了某些采购计划和采购负责人员会乐于考虑采用，但是它也有弊端限制了无法最大限度地适用，这些弊端如表1-2所列。

表1-2　询价采购的弊端

序号	弊端
1	询价信息公开范围较狭窄，决定了只能局限于有限的少数供应商，排外现象较严重
2	由于询价项目一般金额较大、信息保密，往往只有内部人员掌握详情，常常出现"信息失灵"的情况。这就为内部"暗箱操作"提供了可乘之机
3	常常出现超范围适用，一般适用价格变化小、市场货源充足的采购项目，但实际工作中则是以采购项目的概算大小来决定是否采用询价方式
4	询价过于倾向报价，忽视对供应商的资格性审查和服务质量的考察
5	确定被询价的供应商主观性和随意性大

续表

序号	弊端
6	询价采购的文件过于单薄，往往就是一张报价表，基本的合同条款也会被省略
7	询价小组组成存在问题，采购代理机构人员介入小组，专家数量和比例不足
8	采购活动的后续工作比较薄弱。采购活动之后根据市场变化和企业运营情况需要调整采购计划，还要监督采购工作和跟踪了解各部门的配合情况，这些工作由于容易被忽视往往容易造成不良后果

1.4.4 即时采购：在恰当时间采购合适的物料

即时采购又叫准时化采购，它是由著名的准时化生产管理思想演变而来的。即时采购的基本思想是"最大限度地杜绝浪费""只在需要的时候，按需要的量，生产所需要的产品"。即时采购的核心是Just In Time（刚刚好），它追求一种无库存生产的理想状态，至少库存量要达到最小。

即时采购是一种以需求为导向的采购方式，它的采购送货是直接针对需求点进行的。传统采购是基于库存的采购，目的是为了填充库存，以库存量来满足对应顾客的需求量。传统采购虽然尽可能压缩库存，但是由于机制问题，其压缩库存能力有限，在市场需求急剧变化的情况下，可能仍然会面临缺货的风险，无法对市场快速做出反应。

高库存使得成本增加，资源浪费和服务水平降低，而即时采购很少出现物料和产品积压的问题。即时采购较之传统采购有很多优势，总结起来有以下6个方面，如图1-13所示。

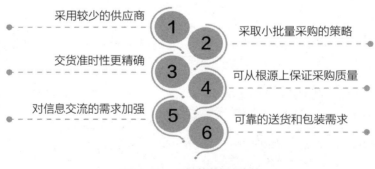

采用较少的供应商
采取小批量采购的策略
交货准时性更精确
可从根源上保证采购质量
对信息交流的需求加强
可靠的送货和包装需求

图1-13 即时采购的优势

（1）采用较少的供应商

即时采购一般由一个供应商提供物料，这种模式被称为单源供应。单源供应是即时采购的特征之一。传统模式习惯于采用多头采购，但是即时采购适合单源供应，因为一方面单源供应是一种对供货商管理较方便的方式，长期合作可以形成默契，供应商内部因为采购商的长期支持可以获得规模效应和长期订单，使得采购商采购成本降低。另一方面，由于供货商和采购商之间是长期合作的伙伴关系，一段时间内相互依赖，可以加强物料质量保证。

但由于单源供应存在难以忽视的弊端，也给即时采购带来了难以规避的风险。如果供应商因为突发状况中断交货，企业又没有别的供货商，就会给生产经营带来麻烦。另外，由于长期彼此依赖，可能在采购价格上吃亏，没有市场上的采购价格那样有竞争力。

（2）采取小批量采购的策略

由于即时采购没有预备传统采购那样的库存空间，采购的物料保存时效性有限，要求应该选择小批量采购。最好应该选择靠近货源市场的采购商，方便频繁进货，根据市场调整进货清单。

（3）交货准时性更精确

准时化生产的前提条件就是交货准时，而交货准时取决于供货商的运输条件。首先，必须从源头上把握好生产时间，避免因为生产过程中的突发情况延迟交货。其次，改善运输条件刻不容缓，必须有过硬的运输条件的支持，才能确保交货的准时性。对于突发交通状况必须做好应对措施，不可打无准备之仗。

（4）可从根源上保证采购质量

采购质量的保证应当由供货商负责，采购商协助。如果原料出现质量上的问题或者是采购商对于物料有疑问可以及时反馈给供应商，方便得到解决。

（5）对信息交流的需求加强

信息更新速度的加快使得信息交流的需求日益迫切，便捷的通信方式和交通方式是连接供货商和采购商的两大桥梁。

（6）可靠的送货和包装需求

即时采购物料是为了即时和市场对接，只有时间上有保障才能最大限度抢占市场份额，获得更多利润；外包装的精美也是吸引消费者的因素，当消费者有了解某个产品的冲动时，才更可能选择购买它。

1.4.5 招标采购：发布招标公告进行招标

招标采购是指采购方作为招标方，事先提出采购的条件和要求，邀请众多企业参加投标，然后由采购方按照规定的程序和标准一次性地从中择优选择交易对象，并与提出最有利条件的投标方签订协议的过程。

通用汽车自诞生之日起，就自然而然地融入了全球最灵活的采购体系，引入了全球集团采购策略和市场竞标体系。相对于尚在理论层次彷徨的企业而言，通用汽车的采购已经完全上升到企业经营策略的高度，并与企业的供应链管理密切结合在一起。

据统计，通用汽车在美国的采购金额每年为580亿美元，全球采购金额总共达到1400亿～1500亿美元。1993年，通用汽车提出了全球化采购的思想，并逐步将各分部的采购权集中到总部统一管理。目前，通用汽车公司下设四个地区采购部门：北美采购委员会、亚太采购委员会、非洲采购委员会、欧洲采购委员会，四个区域的采购部门定时召开电视会议，把采购信息放到全球化的平台上来共享，在采购行为中充分利用联合采购组织的优势，协同杀价，并及时通报各地供应商的情况，把某些供应商的不良行为在全球采购系统中备案。

招标采购的特点是公开、公正和择优，"招标"即为某项工程建设或大宗商品买卖，邀请愿意承包或交易的厂商出价以从中选择最佳承包者或交易者的行为。

（1）招标的流程

招标采购有严格的流程，在确定采用招标采购后，采购部要编制招标文件和标的，联合采购人员向供应商发送招标公告或招标邀请书，通过合理、合法的程序取得目标供应商投标。具体流程如图1-14所示。

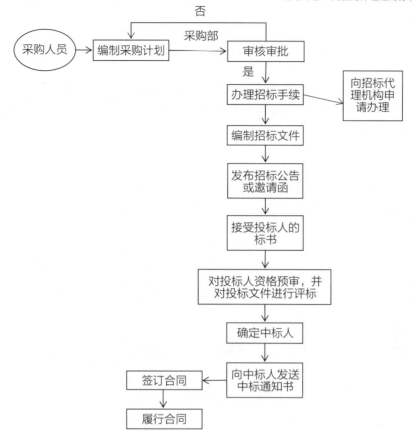

图1-14　招标采购的流程

①采购人员编制采购计划，报采购部审核；

②采购部向招标代理机构办理委托手续；

③采购部进行市场调查，与采购人员确认采购项目后，编制招标文件；

④采购部发布招标公告或邀请函；

⑤采购部接受投标人的标书；

⑥采购部对潜在投标人资格预审；

⑦采购部组织评标委员，由评标委员对投标文件评标；

⑧采购部依据评标原则及程序确定中标人；

⑨采购人员向中标人发送中标通知书；

⑩采购人员负责与中标人签订合同；

⑪采购人员履行合同，并解决可能产生的纠纷。

（2）招标的类型

①按照招标范围分。按照招标范围分，招标采购一般分为竞争性招标采购和限制性招标采购两类。两种招标方式流程基本相同，都是为了选出可以使企业利益最大化的合作伙伴。但在具体的操作中存在不少差异，这些差异具体如表1-3所列。

表1-3　竞争性招标采购和限制性招标采购的差异

竞争性招标采购	限制性招标采购
面向社会公开招标，选择合作商	在指定的若干供应商中招标，即范围是有限制选择的
允许公开程序，邀请所有有兴趣的供货商参与，不设门槛	只公开程序，要求供应商提供资格文件，只有审查通过才能参与招标

②按照是否具备招标资质分。按照是否具备招标资质分，可以将采购方式分为招标性采购和非招标性采购。两者之间的区别是采购金额的大小。一般情况下，金额比较大的采用招标性采购，金额小的采用非招标性采购。

招标性采购是指通过招标的方式，邀请所有的或一定范围内潜在的供应商参加投标，采购实体通过某种事先确定并公布的标准从所有投标中评选出中标供应商，并与之签订合同的一种采购方式。非招标采购是指以公开招标和邀请招标之外的方式取得货物、工程、服务所采用的采购方式。

在具体选择上，通常以是否达到一定金额以上的采购项目为准。达到一定金额以上的采购项目一般要求采用招标采购，如需要紧急采购或者采购来源单一等，招标方式并不是最经济的，需要采用招标方式以外的采购方法。另外，在招标限额以下的大量的采购活动，也需要明确采购方法。

1.4.6　电子商务采购：互联网时代的主流采购方式

电子商务采购，也叫网络采购，是随着互联网、移动互联网、智能设备的快速发展而兴起来的一种新采购形式。目前，电子商务采购已经成为企业采购较主要的方式之一，弥补了企业在传统采购渠道中所不能实现的采购行为。

电子商务采购是依托于电子商务采购平台而存在的，而电子商务采购平台又是基于B/S架构（浏览器和服务器架构）的一种商务模式。然而，现在企业很多采用的网上采购系统并不是很完善，仍采用传统ERP（企业资源计划）模式，这种模式只是将传统的手工订单转到了系统中，并没有解决采购过程中的问题。而真正的电子商务采购平台其实是将采购的所有业务环节与供应商结合起来的系统平台，通过智能化方式及时响应，从而进行过程跟踪。

电子商务采购优势明显，具体如表1-4所列。电子商务采购使得传统采购方式发生了翻天覆地的变化，使采购成本大大降低，库存量日益减少，货币周转日益加快，采购人员和供应商数量得以减少。可以说，电子商务采购掀起了采购行业的革命。

表1-4　电子商务采购的优势

1	有利于扩大供应商范围，提高采购效率，降低采购成本，产生规模效益
2	有利于实现采购管理向供应链管理的转变
3	有利于实现采购业务程序标准化
4	有利于实现本地化采购向全球化采购的转变
5	有利于提高采购的透明度，实现采购过程的公开、公平、公正，杜绝采购过程中的腐败
6	满足企业即时化生产和柔性化制造的需要，缩短采购周期，使生产企业由"为库存而采购"转变为"为订单而采购"
7	有利于信息的沟通，促进采购管理定量化、科学化，为决策提供更多、更准确、更及时的信息，使决策依据更充分

电子商务采购需要遵循严格的程序，具体包括4个方面，如图1-15所示。

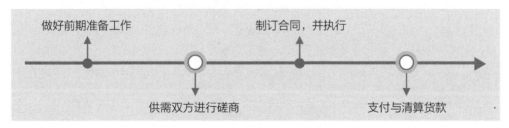

图1-15　电子商务采购的程序

（1）做好前期准备工作

由于网络的虚拟性，采购方在与供应商交涉时不便于现场审核对方资质，因此，在采购前要线下和线上多方位搜集对方资料，以做到充分了解。主流供应商的店铺应该提前了解，否则一旦被骗，要找到对方则犹如大海捞针。

（2）供需双方进行磋商

在选定供货商之后，还要磋商有关的商贸单据、文件等，由于是线上交易还要选择好沟通方式，做出详细的安排。同时，对于订单数量和合作期限，要向供应商重点强调，避免因沟通方式的局限而影响最终效果。

（3）制订合同，并执行

双方洽谈成功，确定好合同细节之后，要将意见汇总，由专业人士拟定电子合同，双方确认无误后方可签字。如有必要，还要备份纸质合同，合同内容条款应与电子合同相同，具有同等约束效力，确保双方线上线下责任与义务的统一，承担一致的违约后果。

（4）支付与清算货款

最后是货款的支付，货款的支付可选用线上支付，也可采用线下支付。无论哪种方式一定要确保货款按时、足额到位，需要支付定金的可在合同中额外注明。物料按时入库，清点和检查物料之后，双方钱货两清。

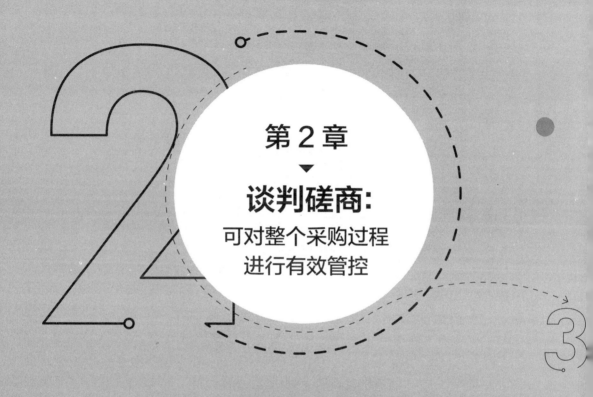

第 2 章

▼

谈判磋商：
可对整个采购过程
进行有效管控

完成一场成功的采购，需要高超的谈判技巧。在正式采购前，需要就采购物料的质量、价格以及合同细节等与对方进行多轮磋商，而谈判是需要掌握必要技巧的，尤其是价格方面，既要坚持原则，又要灵活应变，始终占据谈判的主动。

采购谈判的内容概述

采购谈判是商务谈判的一种重要形式，内容非常多，一个完整的采购谈判内容大致可分为8个部分，分别为物品的质量、物品的价格、物品的数量、物品的包装、物品的交货时间、保险条件、货款支付与物品的后续服务。如图2-1所示是采购谈判的主要内容。

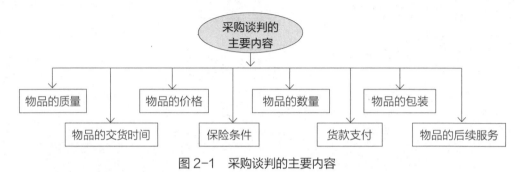

图2-1　采购谈判的主要内容

（1）物品的质量

采购谈判首先需要明确交易物品的质量，质量过硬是采购的最基本前提。因此，谈判过程中要与供应商达成对于交易物品质量相互认同的确切标准，以此来避免之后不必要或意外的商业纠纷。那么，在实际谈判中，衡量质量的标准是什么呢？

对于物品的质量，在采购中通常有两种表达形式：一是书面材料，二是实物验证。第一种材料应包含物品的规格、等级、标准、产地、型号和商标，如商品说明书和图样等；第二种一般是通过供应方向采购方提供样品实样的方式，来证明供应方产品已达到交易物品质量的要求。

（2）物品的价格

①物品价格的表示方式。对于国内企业间的谈判交易，主要是买卖双方在物品价格高低上的博弈和磋商。而在国际间的商务谈判中，除了讨论物品价格和表示方式外，还要明确货币种类、计价单位，以及表明交易成交时的专业术语。

②物品价格谈判流程及注意事项。物品价格是采购谈判的重要一步，直接影响到买卖双方的实际利益、交易成功与否和未来合作的可能性。采购方渴望供应商企业提供的物品质量符合基本标准，同时还要通过价格杠杆，尽可能地降低生产总成本，简言之，供应方在采购方心中树立的形象应该是高质低价的状态。

那么，采购人员采用的谈判手段和技巧就显得格外重要，在供应商给出一个确切价格前，采购人员应该考虑到：拟采购的任何物品价格加上企业合理的毛利外，若该物品不具备市场吸引力、消费者不愿意以该价格购进时，应当与供应方再次商定价格，而不是立刻采购。这就涉及价格谈判的流程和注意事项。

首先，谈判前，采购人员要对拟采购的物品做一个深入了解，将该物品的市场价格或同类物品的价格作为参考或对比，不能一味地听取供应商的片面之词，把对方提出的价格视作唯一价格，而要清楚自身职责的重要性和争取己方企业利益的最大化。

其次，谈判价格时，采购方代表应当换位思考，尽可能完整地列举双方合作对于企业（供应商一方）的所有好处，这样才能真正打动供应商的心。

这些好处主要包括以下内容，也就是在价格谈判中如何展现自己的优势，如图2-2所示。

图 2-2　价格谈判中如何展现自己的优势

价格谈判在采购谈判中是最难的，同时也是最敏感的，这对采购人员自身的能力和素养提出了极高的要求。岗位越重要，所担负的责任就越重，面临的挑战与困境就越多，这不仅适用于采购行业，其他各行业也是这个道理。

（3）物品的数量

在供应商预期达成的交易过程中，物品的数量和物品的价格谈判同等重要。因此，对于采购方打算进购的物品数量多少，供应商一方会有更多的关注。交易的数量越多，利润就越可观。正是考虑到供应商这种心理诉求，采购方更应该对拟购进的物品数量保密，不宜真实地表露出确切的数量信息，一方面有助于交易继续进行，另一方面即使数量上谈不拢，还可以转向其他项目的谈判。

一般来说，采购人员不应该以供应商给出的数量为最终结果，否则在企业没有销售完库存的情况下，此时再大量购入只会造成库存积压和滞销，最终使企业被迫降价销售，进而导致企业总利润减少、总成本增加，而且还会占用一定面积的库存空间。

（4）物品的包装

①物品包装的种类。物品包装的种类分为两种，即"内包装"（inner packaging）和"外包装"（outer packing）。前者专门用来保护、陈列和说明该物品，而后者则是为了减轻物料在仓储和运输过程中的意外损伤或毁坏。

②物品包装的设计。物品外包装的设计重在质量。如果物品外包装过于坚固，会增加采购方的投入总成本，进而影响到采购价格上涨，同时其产品在市场上的价格竞争力也会大大降低。如果包装设计不够坚固，物品在存储运输中被毁坏的可能性会加大，从而降低工作效率，直接影响到企业利润的获取。

而内包装要将物品基本说明、设计理念、文化传递和视觉美感等元素巧妙融入其中，进一步吸引和激发顾客的购买欲望，从而加速商品的回流，提高企业的实际利润。但目前我国企业在内包装设计方面做得不够好，采购方应当从这一弱点入手，鼓励供应商加强商品内包装设计，提高己方的实际收益。

③物品包装的谈判。物品包装的协商需要经过买卖双方深入讨论，找出适合物品且对彼此都有利的包装方式，而不是草率或随意地包装。

对于那些市场销售潜力大，而且采购方拟购进的物品，如果现阶段没有找出最佳的包装方案，可以自行选择一种正确的包装方式，积极说服供应商制作这种内包装，以便本企业销售。

（5）物品的交货时间

交货时间的期限长短决定采购方库存量、订单的数量和频率。如果交货时间短，那么每笔订单的数量自然不会太多，存货的空间就相对较多，从而释放了库存压力，满足了仓储需求。对于长期订购的采购商，可以要求供应商分批装运，以此来减轻库存和仓储空间压力。

（6）保险条件

保险条件是买卖双方付款前必须商定的项目之一。保险条件包括由哪一方投保、投哪种险别、保险金额如何确定、依据何种条款办理保险项目等，而采购人员在谈判中必须把保险条件加进去。

（7）货款支付

①付款方式。货款的支付主要涉及支付货币和支付方式的选择。付款的方式分为现金付款和其他多种方式付款。在国际货物买卖中，使用的支付方式主要包括汇付、托收、信用证等。不同的支付方式适用于不同的交易情况，影响着买卖双方的利润和风险状况，因此在谈判过程中，须依据具体情况而定。

②付款条件。国内供应商一方提出的付款时间是30～90天，因此采购人员须谨慎地计算出对企业最有利的条件。在正常情况下，供需双方付款活动的前提是在单据齐全时，按照买卖双方付款的条件进行结算。

（8）物品的后续服务

后续服务是为了防范和解决买卖双方交易过程中存在的争议，保证合同的顺利签订和有效执行，它适用于各种国内外贸易谈判，也是必须商定的贸易条件之一。

2.2
采购谈判规划与准备

2.2.1 采购谈判规划

采购人员在展开正式的谈判之前，不可无计划地盲目进行，更不可做不切实际的遐想或空想，而是要进行科学、合理的规划。采购谈判的规划可从以下3个方面入手。

（1）掌握有利于谈判的资料

谈判需要掌握大量有利于自己的资料，掌握得资料越多，越有利于在谈判中占据主动，同时也有利于进一步了解谈判对象、实现谈判目标。

谈判资料一般分为两种：一种是容易得到的（少花钱和时间），另一种是不容易得到的（多花钱和时间），区别在于时间、金钱上的付出。

容易得到的资料包括：供应商的运营状况；与产品、服务有关的历史资料；供应商在以往的谈判中产生的价格资料以及谁有价格决定权；稽核结果；最高指导原则等。

不容易得到的资料包括：供应来源；有用的成本、价格资料分析；供应商的价格系统；供应商的利润目标以及价格底线等。

容易得到的资料通常都是公开资料，很容易获取，注意搜集即可，这里重点介绍一下不容易搜集到的资料如何获取，具体如表2-1所列。

表2-1　不容易搜集到的资料获取的途径

资料类型	获取途径
供应来源	寻求更多的供应源（包括海外），甚至向原来的供应商采购，因为更多的供应源更利于价格谈判
有用的成本、价格资料分析	借助成本分析师
供应商的价格系统	从供应商各个部门的生产过程进行合理预测分析
供应商的利润目标以及价格底线	耐心地通过各种渠道收集，谈判过程中通过询问、观察、分析等手段及时捕捉也是渠道之一

（2）做好成本分析，科学报价

价格永远是谈判的核心，在采购谈判正式展开前，应该先对所购物品的成本进行分析，科学报价，降低采购成本，取得有利于自己的价格。其步骤有以下6个。

①合理估算。通过成本分析师对采购现状进行科学估算，得出最合理的价格预算。

②比价。比价可分为价格分析和成本分析两个维度，如图2-3所示。

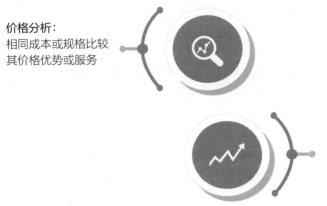

价格分析：
相同成本或规格比较
其价格优势或服务

成本分析：
将总成本分为各个细项，包括人工、原料、外包装、制造费用、管理费用、利润。买方与卖方估计的差价，需要双方讨价还价来商议

图 2-3 比价的两个维度

③找出影响价格的主要因素。决定价格的主要因素有产品原料、加工费用、包装费等，这作为价格谈判的重要依据。

④淡化价格上涨对供应商边际利润的影响。供应商的成本虽然在上涨（例如通货膨胀的出现），但价格上涨并不意味着成本上涨，往往是因为其有灌水现象。

⑤实际与合理的价格是多少。

⑥对付价格上涨的最好对策。对付价格上涨的最好对策，即重要的方法和时机的准确把握，必要时可借助专家谈判。

（3）优劣势分析

正所谓"知己知彼，百战百胜"，采购人员需要对供应商有一个清晰的认知和了解，关注对方人员在采购谈判中的优势与劣势，以对其谈判实力进行评估。发现双方各自的长短处，这样更利于选择合适的谈判策略与方法。如表2-2所列是谈判优势偏向于采购方的常见情景。

表2-2　采购人员占据谈判优势的10种情景

序号	情景
1	采购数量占供应商的产能总量的比率大
2	供应商产能的成长速度超过了采购方需求的成长速度
3	供应商产能利用率偏低、浪费程度高
4	卖方市场竞争激烈，而买方并无指定的供应来源

序号	情景
5	供应商最终产品的获利率高
6	供应商支出的物料成本占产品售价（供应商给采购方的价格）的比率低
7	断料停工损失成本低
8	买方自制能力高，而且自制成本低
9	采用新来源的成本低
10	买方购运时间充足，而卖方急于争取订单

对买卖双方的谈判处境和各自特点进行分析，可以保证自己在谈判中能做到扬长避短，进而找出供应商谈判的弱势。一般采购方可采用迫使供应商让步的策略（压榨策略、平衡策略、多角化策略），这些策略能帮助采购方顺利完成工作。

2.2.2 ○ 采购谈判准备

做好了整体的规划后，就要开始进行谈判前的准备工作。采购谈判是谋求双方共赢的一种谈判形式，因此，谈判者必须得有充足的准备，而且要掌握一定的谈判技巧和方法，以便应对谈判过程中出现的各种状况。

（1）收集采购谈判的资料

①明确己方（采购方）需求。明确己方需求就是要在谈判前，弄清楚企业需要什么样的产品、需求量是多少、需求时间有多长、需求产品的质量有什么要求、需求产品的规格、包装、价格底线分别是什么。为了方便采购计划的顺利进行，采购人员需要列出采购物料的清单，如表2-3所列。

表2-3　采购物料明细表

产品名称	规格	数量	交货日期	包装	价格底线	质量	运输方式

产品名称	规格	数量	交货日期	包装	价格底线	质量	运输方式

②调查资源市场。在明确己方需求后，接下来要对产品目标市场（资源市场）进行调查，主要关注资源市场的物料供给情况、市场需求程度等信息，进而为采购谈判的下一步提供决策依据，目前市场可调查的主要内容如表2-4所列。

表2-4　市场调查的内容和目的

调查项目	调查的内容	调查的目的
产品的供应需求情况	（1）从目标产品在市场上的反馈来看，是供大于求，还是供小于求或者说供求平衡； （2）了解目标产品在当前市场的潜在客户（需求者），是生产企业同类产品在市场的潜在竞争者，还是生产企业同类产品替代品的潜在竞争者	制订不同的采购谈判计划和策略。例如，当市场上该产品供大于求时，对于己方来说更容易讨价还价，反之当市场上该产品供小于求时，对供应商出价更有利
产品的市场销售情况	（1）该类产品各种型号在过去的销售量及价格波动状况； （2）该类产品的需求程度和潜在销售情况； （3）其他购买者对于新、老产品的评价及要求	采购方可依据产品的市场销售情况，推测出产品未来市场的容量、销售量，有助于采购方确定采购的数量
产品的市场竞争情况	（1）生产同种产品供应商的数目及规模； （2）所要采购的产品种类； （3）所需产品是否有可替代的生产商； （4）此类产品的各种重要品牌的市场占有率及未来发展趋势； （5）竞争产品的品质、性能和设计； （6）主要竞争对手提供的售后服务方式及中间商对这种服务的满意程度	通过对产品竞争情况的了解，使谈判者能够清楚地掌握供应商同类产品竞争者的数目、强弱等，寻找谈判对手的弱点，争取以较低的成本费用获得所需产品，也能使谈判者预测对方产品的市场竞争力，使自己能够保持清醒的大脑，在谈判桌上灵活地把握价格弹性

调查项目	调查的内容	调查的目的
产品的市场分销渠道	（1）经销商采取何种经销路线，当地零售商或经销人员是否直接聘用人员销售，其使用程度如何； （2）各种类型的中间商有无仓储设备； （3）各主要市场开发区与零售商的数量； （4）各种销售推广、售后服务及存储商品的功能	可以掌握谈判对手的运输、仓储等管理成本状况，在价格谈判时心中有数，而且可以针对供应商售后服务的弱点，要求对方在其他方面予以一定的补偿，争取谈判成功

③收集供方信息。

a.供方的资信状况。包括对方是否具备签订合同的合法资格，以及对方的资本、信用和履约能力。

b.对方谈判的作风和特点。谈判作风就是谈判者在多次谈判中展现出来的一贯风格。了解对手的谈判作风，可以为预测谈判的发展趋势和可能采取的策略，以及制订己方的谈判策略提供重要的依据。

c.其他信息。如供应商要求的货款支付方式、谈判最后期限等方面的资料。

④整理和分析资料。在通过各种途径收集到以上信用资料以后，采购人员还必须对它们进行分析和整理。此时应该注意以下内容。

a.鉴别信息资料的真实性和可靠性，也就是去伪存真。在实际工作中，由于各种原因和限制因素，在收集到的资料中，某些资料是片面的、不完全的，有的甚至是虚假、伪造的。因此，采购人员必须对这些收集到的初步资料做进一步的分析和甄别。

b.甄别资料的相关性和有用性，也就是去粗取精。在各种信息资料具备真实性和可靠性的基础上，还要关注谈判项目中的谈判内容和实际情况，分析各种因素与该谈判项目之间的关系；并根据它们对谈判的相关性、重要性、影响程度进行比较分析，并依此制订切实可行的谈判方案或策略。

（2）制订采购谈判方案

①确定采购谈判的目标。在制订采购谈判方案前，首先要设定采购谈判的目标，包括最优目标、预期达到的目标及最低承受的目标。要知道预期达到的目标并非一成不变的，事实上大部分预期目标都很难达到己方的理想水平，这时候往往需要第二套目标组合方案。简单来说，当谈判过程中已确定不能使用

最优方案时，不得不通过提高其他环节的底线目标来弥补未能达到理想目标的损失，综合评估并不影响预期目标的实效。而最低承受的目标是固定不变的，无论谈判过程中出现任何变化，失去底线的谈判是毫无意义的。具体采购谈判目标如表2-5所列。

表2-5　采购谈判目标

序号	目标层次	具体说明
1	最优目标	最优目标的实现前提是达到预期目标，除此之外还得到额外的利益。当然，最优目标很少有机会达到，没有人会把所有利益全部让出，这种目标的设定很多时候只是一种策略上的选择，它可以增大让步的幅度。最优目标作为谈判的筹码，可以尽可能地换取，还可以起到迷惑对手的作用，亦真亦假，使对方无法判断出你所要达到的目标，对己方的其他目标起到了保护作用
2	预期目标	预期目标是根据己方的实际情况，经过多方面的分析和评估，期望通过谈判得以实现的客观需求。因为涉及实际需求，谈判代表会竭尽全力，运用各种策略力争实现预期目标。预期目标要求具备量化指标，并且细分到各项议题，遇到意见分歧时要坚持自己的观点，绝不能轻易让步
3	最低承受目标	最低承受目标是谈判的底线，是己方的基本需求，即使是终止谈判也不能妥协。最低目标显然是一个不理想的谈判结果，只有顶住压力全力争取到预期目标，才能避免背水一战的局面

上述三个目标之间是有关联的，任何一个目标都不能独立存在，只有将三个密不可分的目标组成有机整体，才能发挥采购谈判的最大效力。制订各项目标时要进行严谨的分析，做到合情合理，不能偏离实际情况。另外，要准确掌握对方的三个目标，如果预判正确，完全可以得到更多的利益，还有可能达到最优目标。

②确定采购谈判的主体。每一次进行谈判前，首先要确定谈判的主体，一般来说，与谈判相关的、需要双方展开讨论的问题，都是谈判的主体。采购人员可以把它们一一列举出来，依据实际情况判断出问题的重要性，就重点问题去解决。

采购谈判的重点问题，主要包括采购谈判产品的质量、数量、价格水平、运输等方面。

③制订严谨的日程安排。谈判日程的安排要根据谈判在何时举行、为期多久而定。

　　这里有一个不确定因素，需要重点分析，那就是谈判的进度。谈判的进度要根据谈判内容的复杂性，采取有针对性、合理的安排，保证每个议题之间有充足的时间讨论，但整体上要把握紧凑和有序的原则。至于谈判的议题顺序，需要谨慎地研究，双方的共同点和己方的优势点排在前面，双方的差异点和己方的劣势点要排到后面。

　　在拟订议题时，要注意以下3项原则，如图2-4所示。

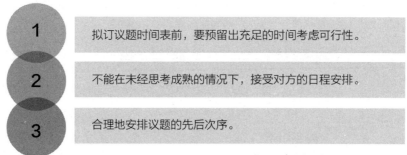

图2-4　拟订谈判议题时要注意的3项原则

　　谈判议题时间表是双方认可的时间表，并不是正式的公文，如果在谈判开始后发现议题安排对己方不利时，还可以向对方提出修改的要求，否则会很容易掉进对方的陷阱。

　　谈判过程中所有的议题需要具体明确、避免含糊，必要时可制订一个明确的议题大纲。对于己方的目标和底线以及让步的幅度和频率，都要有科学的判断，并且在计划中用文字的形式表示，不要出现模棱两可、一词多义的状况。另外，数据资料必须准备无误，谈判中所有的资料只有详细且真实时，才具有说服力。如果对方比己方准备的资料更全面和准确，己方势必会在谈判过程中失去优势，在心理上失去谈判的信心，从而使得谈判结果不够理想。

　　④制订谈判的策略。谈判中使用的策略必然是针对谈判结果而言的，在谈判过程中采用哪种语言风格、哪些谈判技巧，甚至要具体到每一个环节当中。这是根据谈判对手与己方的地位对比和权益的重要性，权衡之下制订出来的。不同的对手有不同的谈判风格，这是由对手所处的不同状况决定的，绝不能以己方代表的一贯作风或性格来对待谈判对手。

　　⑤制订谈判备选方案。通常情况下，谈判过程中也会出现一些意外的事情，从而影响到谈判的进程，因此在谈判前和整个谈判过程中，采购人员应对双方可能做出的一切行动进行正确的评估，并依此设计出几个可行的备选方案。

当采购人员在制订谈判备选方案时，可以注明在何种情况下使用此套方案，还包括备选方案的具体内容、操作说明和注意事项等。

（3）选择采购谈判的队伍

选择采购谈判的队伍，是指在对谈判对手情况以及谈判环境诸因素的充分考虑、分析之下，根据谈判内容的难易程度，选择合适的谈判人员，组成一支高效精悍的谈判队伍。

①组建谈判团队的原则。采购人员在组建谈判团队之前，可依照下列内容进行。

a.根据谈判内容的重要性、难易程度来组织谈判队伍。在确定谈判团队的阵容时，应该根据谈判主体的大小、重要性来决定人员和人数。一般来讲，谈判团队成员组成规模有如图2-5所示的两种。

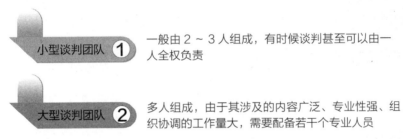

图 2-5　谈判团队成员组成规模

b.根据谈判对手的具体情况组织谈判团队。首先要对谈判对手有一个基本的了解，再从谈判对手的作风和特点着手来组织可应对的团队人员。一般来说遵循对等原则，也就是己方谈判队伍的实力与对方谈判队伍实力相同或对等。

②谈判人员的选择与配备。

a.通常情况下，组成谈判队伍的人员数量不受限制，即便是一个人也能满足采购谈判的基本人员准则。

b.从谈判的性质来看，对于复杂的、较为重要的谈判来讲，首先，要满足多学科、多专业的知识需求，取得知识结构上的互补与综合优势；其次，要发挥集体的力量，集思广益、群策群力，经过广泛的讨论，形成群体抵抗力，激发团队的进取心。

③谈判人员的分工与合作。

a.谈判人员的分工。在确定了具体的谈判人员并组成谈判小组后，就要对其内部成员进行分工，进而确定主谈和副谈，如图2-6所示。

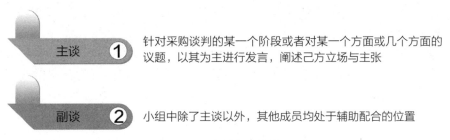

主谈　① 针对采购谈判的某一个阶段或者对某一个方面或几个方面的议题，以其为主进行发言，阐述己方立场与主张

副谈　② 小组中除了主谈以外，其他成员均处于辅助配合的位置

图2-6　谈判人员的分工

b.谈判人员的合作。主谈与副谈之间需要密切配合，在主谈的统领下，开始有主次地进行。总的来说，既要按照谈判的内容和个人的专长对人员进行合理的分工，又要在实际谈判过程中顺着规定的方案伺机出动、彼此呼应，形成目标一致的有机谈判整体。

（4）确定采购谈判的地点

采购谈判的地点往往有三种：己方所在地、对方所在地、双方之外的第三地。第三种情况一般发生在产品展销会时的谈判，三种谈判有利有弊，建议针对具体情况灵活选择。

（5）安排和布置谈判现场

在己方所在地谈判时，作为"东道主"，为了谈判效果最优化，理应承担起安排和布置谈判现场的工作。采购方不仅要充分考虑以上谈判地点选择的优缺点，而且要讲究谈判的战略性，充分利用地域上的优势。在具体操作中应注意以下两点。

①最好为谈判准备三个房间。一间为双方的主谈房间，另外两间为各方的备用室或休息室。主谈房间作为双方谈判的主要场所，应当宽敞明亮，并配备应有的设备和接待用品。备用室和休息室应该靠近谈判室，也要配备应有设备和接待用品，同时可以适当地配置一些娱乐设施，用以缓解双方的紧张气氛。

②谈判双方的座位也应细心安排。通常有两种座位安排方式：一种是双方面对而坐，各居谈判桌一边；另一种是双方谈判人员随意就座。两种方式各有千

秋，最终还是要根据实际情况而定。

（6）模拟谈判

为了提高谈判的效率，在正式谈判前，不仅要达到各项要求，做好准备，而且还要对每一个谈判的环节进行模拟。模拟谈判有效地暴露己方采购谈判过程中的不足之处及其薄弱环节，检验谈判队伍人员的综合素质，提高每个成员的应变能力，从而减少谈判损失，实现最终目标。

模拟谈判的成员，可以是正式谈判成员，也可以是非正式谈判成员，当然也可以在一个小组内实现两方谈判。

2.2.3 • 采购谈判的流程

采购谈判通常是按照询盘、发盘、还盘、接受、签约5个流程进行的。当然，这5个流程中又有很多事项需要注意，为保证谈判的有效进行，谈判人员需要对每个步骤都了如指掌，运用自如。

采购谈判的流程如图2-7所示。

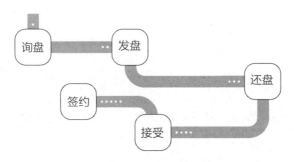

图 2-7　采购谈判的流程

（1）询盘

询盘是指发起者一方有意购进或出售某物，而被询问的一方提出相应的成交条件。目的是为了找到最合适的买主或卖主，至于条件的询问只不过是为了试探市场。

询盘对象一般分为两种，分别为国内询盘与国外询盘。国内询盘受距离的影响因素小，往往询盘对象不确定，可通过报纸、广播、互联网和电视等新闻媒体进行大范围的询盘；国外询盘专指国际贸易，由于两国距离远和信息传递不方便，所以通常询盘的对象一般都是指定的。

询盘方式可以是口头形式，也可以是书面形式，没有严格的硬性规定，完全可以根据具体情况来定。

（2）发盘

发盘是指发起人（发盘的一方）有意与另一方建立贸易关系，而另一方提出买卖该产品的一定条件，并承诺按照这些条件订立合同。发盘的一方既可以是采购方，也可以是供应方，但多数为供应方。目的是为了了解目标企业产品的基本情况，包括产品的名称、规格、质量、生产日期、保质期，还有对方达成交易附带的条件。

发盘有实盘和虚盘之分，是国际贸易常用术语，两者的区别在于受盘人是否愿意同对方订立合同。

①实盘。实盘，即有约束力的发盘，表明发盘人有肯定订立合同的意图。在法律上，实盘属于一项要约，一经发出，在有效期内，发盘人不得随意变更内容或撤销。如果受盘人在有效期内无条件地接受，就可以达成交易，成为对买卖双方都有约束力的合同。

不过，实盘的构成是有条件的，至少需要具备4个基本条件，如表2-6所列。

表2-6 实盘的4个构成条件

条件	内容
条件一	每一项交易内容必须保证准确清楚，避免模糊不清和模棱两可的词句出现
条件二	每一项交易条件都要完整清楚，包括商品名称、单位、品质、价格、数量、交货期、支付方式和包装等主要条件，这些条件都要开立出来
条件三	无任何保留条件，即发盘人必须按照提出的各项交易完成合同签订，最终达成协议
条件四	告知对方发盘的有效期，即终止日期，这一条件主要用来约束发盘人，对受盘人无实效

②虚盘。虚盘是指对发盘人无约束力的发盘。发盘人所做的非承诺性的表示，可以随时收回或撤销。虚盘具有3个明显的特点，具体如表2-7所列。

表2-7　虚盘的3个特点

特点	内容	备注
一	发盘中可以有保留条件	比如，标明仅供参考或以原材料价格不变为准，再或者以己方确认无误为准等字样
二	发盘内容模糊，不做肯定的回复	比如，价格为参考价，商品价格依据数量多少给予优惠等情况
三	缺少主要交易条件	内容虽然明确、肯定，但没有列出必须具备的交易条件，如价格、数量、交货期等，也属于虚盘性质

（3）还盘

还盘，也称还价，是受盘人不同意或不完全同意发盘条件而提出修改、限制或增加新条件的表示。可见，还盘的前提是受盘人不接受发盘询问。

通常在采购贸易中，一笔交易的最终实现，要经历多次发盘和还盘的过程。按照规定，在受盘人还盘时，原发盘人需要对受盘人进行答复，即原发盘人是否同意受盘人提出的修改意见和交易条件。此时，受盘人成为新的发盘人，其还盘成为新发盘，而原发盘人则成为新的受盘人，其原来的发盘则相应失效。

因此，收盘方在还盘这个环节需要十分注意，要确保自己的实盘失去效用或者不受约束，同时，要分析对方提出的新发盘是实盘还是虚盘。如果对方发来实盘，当然得按要求履约，但如果发来的貌似虚盘，那自己的实盘就是有效的，反之则为无效还盘。

因而，发盘人必须识别受盘人的还盘是否构成还盘，满足还盘所具备的条件，以免因为判断失误造成利益纠纷处于不利、被动地位。

（4）接受

接受是指交易一方在接受另一方发盘时表示赞同，法律上称之为承诺。一个条例的更改，要经过受约人（发盘人）有效的承诺，该合同才能完全成立。

因此，接受的构成也是有条件的，具体如表2-8所列。

表2-8　接受的4个构成条件

条件	内容	备注
一	接受必须是无条件的，受盘人对发盘的每一项内容毫无保留地同意，也就是接受的内容要与发盘人的实盘中的每一项内容都保持一致，否则被称作无效的接受	比如，受盘人对发盘人实盘表示接受，另外又对价格、支付、运输等主要条款或责任范围、纠纷处理程序等实质性内容提出自己的不同意见，说明该受盘人不是无条件接受，因此不能称为接受
二	接受的时间必须在一项发盘的有效期内	一般来说，逾期接受是无效的，但也有特殊情况，如以下两种情况： 第一，受盘人在实盘有效期最后一天表示接受，而这一天恰好是发盘人所在地的法定节假日或非营业日，使得接受不能及时地传达给发盘人，这种情况下的逾期接受，可以说是有效的； 第二，如果发盘人同意对方的逾期接受，并立即以口头或书面形式通知受盘人一方，那这种情况下的逾期接受也是有效的
三	从发盘的对象不同上看，接受必须由合法的发盘方表示，指明了特定受盘人的发盘	一项发盘可以向特定的人群提出，比如说某人、某企业或某代理人提出，当然也可以向不特定人提出，比如说在报刊上公开发盘。此外发盘人群是否特定，也意味着接受的表示方是谁，向特定方发盘，接受一方必须是发盘方指定的受盘人，此时的接受才是有效的。任何第三方（除发盘人指定受盘人）接受的发盘承诺，不仅是无效的，也不受法律约束和发盘方保护
四	受盘方以声明或其他行业形式传达给发盘方，受盘人如果接受，则必须按照规定形式传达	传达形式主要有两种： ①声明，用口头或书面文字形式表示； ②其他行为，按照发盘规定或双方确定的习惯做法（惯例），比如说用支付条款、发送货物等形式来表示接受

（5）签约

签约即签订正式合同。采供双方之间的交易谈判，一方的发盘被另一方有效接受后，交易立即成立，但一般还需要书面合同最后确定。

正因为合同属于法律性文件，所以双方要将合同以书面的形式确定下来，并都严格执行合同规定的各项条款。无论哪一方违背都要依法承担责任。所以，签约这一流程在谈判中十分重要，一旦出现失误或差错，都会为以后的合同履行埋下祸根，付出惨重代价。

2.3
采购谈判的过程控制

2.3.1 采购谈判的一般步骤

采购谈判是一种商业行为，商业行为的本质就是追逐利益。为实现利益的最大化，在谈判过程中双方必定会不惜成本争取各自利益。因此，整个谈判过程极有可能在利益的驱使下波折不断，从而影响谈判的顺利进行。

因此，如何妥善处理好利益关系成为采购谈判过程控制的关键。对谈判的过程控制最好的办法就是严格按照预定步骤进行。谈判步骤有以下6个，具体如表2-9所列。

表2-9 谈判最常见的6个步骤

步骤	内容
一	互相介绍，由采购人员主持双方介绍
二	商议议程，内容包括商议谈判进度和程序规则
三	探讨事宜，探讨谈判内容涉及的范围，明确谈判要解决的相关事宜
四	解决分歧，在可能情况下，双方需要确定有冲突分歧的地方
五	最终达成一致意见
六	完成签订协议，结束本次谈判

2.3.2 谈判过程中应注意的细节

坚持立场就是要坚持自己对事情的认知态度，坚定自己对目标事物的看法。

45

在采购谈判中，应坚持明确的立场，具体内容如下。

（1）向对方表达"双赢"的合作欲望

谈判"双赢"是指站在对方立场上去说明该交易，使得两方的交流更加和谐融洽。事实证明，当其他条件都满足时，持有这种"双赢"理念的采购方更容易谈判成功。

当然，"双赢"这个度需要把握得当，并不是简单的两两平分。有经验的采购人员，更懂得为己方谋求更多的利益和好处，同时给对方留一点好处，这样一来双方的合作就会更顺利。所以，站在采购的立场上，谈判的结果应该是己方企业和对方企业达成六四分成，或者七三分成，最差时也至少应考虑八二分成。

（2）产品质量绝不可以让步

比起产品价格谈判，更为重要的是产品质量谈判，它事关采购方企业的声誉和未来发展。因此，在谈判时，采购人员要向供应商明确产品质量及责任，必要时必须让其提供质量凭据。

（3）采购谈判属于组织行为

采购谈判是指采购方派出专业人员与产品供应商或组织的销售代表进行谈判。合格的采购人员代表整个采购谈判小组，更代表着整个企业的经济诉求和发展走向，因此采购谈判中对采购人员自身的素质、能力要求很高。采购谈判过程中，采购人员应坚持组织的立场，不应以个人喜恶、情绪变化为独断的理由。

2.3.3 · 谈判议程应遵循的原则

谈判议程主要分为两大阶段：一是在谈判之前需要确定议事的时间安排以及议题的内容；二是在谈判过程中，需要确保谈判队伍中各成员严格执行日程安排。当然，凡是与该议题相关的、需要多方讨论的其他问题，也可纳入谈判的议程之中。

谈判议程的确立需要掌握好3个原则，如图2-8所示。

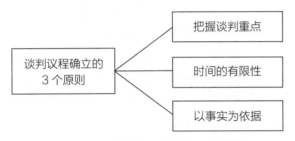

图 2-8　谈判议程确立的 3 个原则

（1）把握谈判重点

一般来说，采购谈判要讨论的重点问题集中在产品或原材料的质量、数量、价格水平、运输等方面。谈判时，最好事先把谈判主体一一列举出来，然后根据采购方的实际情况，划分探讨的重点和先后顺序。

（2）时间的有限性

采购谈判是有时间限制的，因为人的精力有限，采购双方不可能长时间只谈一个单子，况且买卖双方利益需求不同，谈判达成的时间要求也可能不一致，原则上要选择利于己方的时间。一般性质的企业应该尽快处理采购订单，而在国际采购中，可以依据价格需要采取一些谈判拖延战略。

（3）以事实为依据

谈判的实质是双方之间实力的抗衡和交换。对于供方而言，需要提供先进的技术、过硬的产品质量、雄厚的生产实力；而采购方必须展示出真实的购买力，供方可以邀请采购方查厂或支付一定订金。

2.3.4 ○ 采购谈判方式

选择适当的谈判方式，能使采购谈判事半功倍。谈判方式的选择要坚持实事求是的原则，依据供方实际情况而定，一般可以采用强硬型和温柔型两种方式进行。

（1）强硬型谈判

强硬型谈判不是指采用强硬的语气去谈判，而是指在谈判过程中坚持强硬的立场，绝不能轻易地让步。这种谈判方式常用在美国企业采购中。采用强硬型谈判方式时采购人员要把握以下5个条件，如表2-10所列。

表2-10　强硬型谈判的5个条件

序号	条件
1	准确计算出供方成本与利润
2	在同行业中自己占有绝对市场优势
3	供方产品处在市场销售低潮
4	供方企业处于资金流通困难时期
5	供方要求在质量上给予让步时

（2）温和型谈判

温和型谈判是指在谈判过程中采取让步策略，以此来达到交易目的。当某些企业在库存不足，或其他物资紧缺的情况下，采购谈判中要坚持温和型谈判。采购人员使用温和型谈判时，要把握好以下5个条件，如表2-11所列。

表2-11　温和型谈判的5个条件

序号	条件
1	采购方出现紧缺物资需求
2	供方产品市场潜力大
3	供方要求在非紧要关头上给予让步
4	供方企业处于资金流通困难时
5	采购谈判僵持不下

2.3.5　谈判僵局的化解技巧

在整个采购谈判中，尤其是当谈及价格、交货日期等敏感话题时，双方非常容易陷入僵局，这是谈判时难以避免的。那么，在谈判出现僵局时该怎么办呢？采购人员可采取如表2-12所列的5个技巧进行化解。

表2-12　打破谈判僵局的5个技巧

序号	技巧
1	注意言辞：在谈判中，一旦出现意外，双方可能产生冲突，打破了和谐的氛围后，往往会形成情感对立，从而对于打破僵局更为不利
2	幽默：用轻松的话题缓解紧张的气氛，如讲一则娱乐新闻，或讲一个有趣的故事，就可以缓解气氛
3	搁置争议，求同存异：将陷入僵局的问题先放下，由双方成员成立一个特别的小组，有针对性地解决问题，时间久了，自然会找到有效的解决办法
4	适当让步：给予让步，对于一些问题，双方都可以让出一步
5	更换人员：陷入焦灼状态时更换谈判人员，让陷入争议旋涡的人员暂时离开，以缓和对方的矛盾

2.3.6 ◦ 谈判收尾工作的注意事项

无论前期的谈判是顺利还是曲折，很多谈判人员都会忽视收尾工作。有的人是疏忽大意，有的人是过于乐观，因为收尾工作没有做好，结果导致整个谈判功亏一篑。很多谈判的失败就在于没踢好最后这临门一脚。那么，对于谈判人员该如何完美地做好收尾工作呢？以下3项工作必须格外注意。

（1）检查谈判过程中形成的一切文本

检查成本、协议文本，对文本进行一次全面的检查，着重检查文本的内容和格式。特别是关键的词句和句式，一般采用统一的、经过企业法律顾问审核认定的格式，如合同书、订货单等。尤其是大宗货物的订单文本，一定要经过法律顾问最后审核。

（2）谈判的双方负责人亲自签字盖章

将合同等文件交由双方负责人签字，经过检查、审核等流程后，交由第三方公证处备份，协议才算正式完成。

（3）礼貌道谢

无论是什么样的谈判，无论结果如何，双方都应该诚恳地感谢对方并礼貌道别，以利于建立长期的合作关系。

2.4

采购谈判策略与技巧

2.4.1 准确把握谈判对手的性格

谈判人员的性格直接决定着谈判效果，因此，在谈判前，一定要了解对方是什么性格的人，然后根据所了解的情况做出有针对性的应对策略。英国学者盖温·肯尼迪对谈判人员的性格做出过十分精辟的总结，将其分为4类，如图2-9所示。

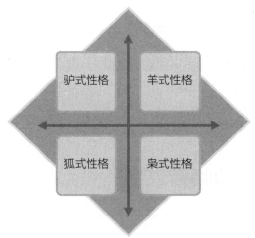

图 2-9　谈判人员的 4 种性格

（1）驴式性格

属于驴式性格的谈判对手（销售人员）往往是个死脑筋，明知不对却死守坚持，或是坚持所谓的不切实际的"原则"，让无知的本性占据谈判思维，经常性办蠢事。这类人员可能缺乏专业的采购知识和过硬的谈判能力。

（2）羊式性格

过分温顺，缺乏主见，忽视企业利益，缺乏自保意识，容易屈从于对方，即便对方是错的也不敢反抗。这种现象经常出现在一些不合格的采购人员身上，他们为了完成规定时间的量化任务，宁可听从对方的差遣、接受对方的各种不合理的要求。

（3）狐式性格

洞察力强、狡猾多变，善于耍小聪明，不惜使用各种卑劣手段以达到目的，这类采购人员善于利用对方"羊式性格"的弱点肆意地压榨，而对待"驴式性格"的对手，就更是得心应手了。

（4）枭式性格

与前三种性格的人完全不同，枭式性格的人做事稳重、眼光长远，不会因为一点蝇头小利而破坏双方的合作，而是以真诚的态度对待谈判，用自己的言行赢得对方的信任，无论遇到什么问题，都能冷静处理和分析，不会惊慌失措、自乱阵脚。这类采购人员往往留给对方认真可靠的处事印象。

采购人员要想谈判取得成功，应针对谈判对手的不同性格特征，做出相应的谈判对策。具体如表2-13所列。

表2-13　针对不同性格谈判对手的应对策略及案例分析

种类	对策	案例分析
驴式性格	（1）立场坚定 （2）用事实说话 （3）给予对方适当的吹捧 （4）注意提供台阶	（1）"这不仅是你们企业的规定，同时也是行业内部的规定。" 　　"我们用行业标准说话。" （2）"请出示样板。" 　　"这是你们上个月的销售量。" 　　"我们对你方企业产品的制作成本进行了计算，请过目。" （3）"王经理可真是行内专家啊。" 　　"王业务员可真是本企业的销售栋梁啊。" （4）"你说的是昨天的行情，看来王经理今天真是累了，把今天跟昨天都搞混了。" 　　"王先生，给小弟一条路吧，否则兄弟我没法混啊。"
羊式性格	（1）真诚以待 （2）提升对方信心 （3）主动提示	（1）"能认识你，相见恨晚，我今天来是向你学习的。" 　　"请你先陈述意见吧。" （2）"没关系，今天谈不成就算了，我们迟早会找到彼此的共同点的。" 　　"谈判嘛，就是要求双赢，让我们都能挣到钱。" （3）"不知道你们老板是怎么看待这次谈判的?" 　　"这次谈判意义重大，为了保险起见，还是需要你和你的上级一起来决定。"

种类	对策	案例分析
狐式性格	（1）要坚持原则 （2）要注意尺度 （3）要辨别真伪	（1）"坚决不收任何回扣。" 　　"我们应该一次性讲清楚。" 　　"兄弟是兄弟，公事是公事。" （2）"这个问题不能再让步了，请你多加考虑吧。" 　　"根据行业规定，必须得有合同书。" （3）"对于这些问题，我需要看看你们的详细计划。" 　　"我要去你们车间看看。"
枭式性格	（1）真诚以待 （2）从长远看问题 （3）以礼相待	（1）"这是我们的产品型号，请过目。" 　　"你先报价吧，然后我们再报价。" （2）"我们这次可以给你们一次性价格，希望你们以后要多多给我们价格优惠啊。" 　　"我们的合作是长远的。" 　　"我们的唯一目的是双赢。" （3）"贵企业果然名不虚传啊！" 　　"您先请！" 　　"签约后，我们开车送您。"

2.4.2 处于不同优势或劣势下的谈判技巧

除了掌握谈判对手的性格特征，及时做出应对措施外，还要准确地分析己方和对方在不同谈判进程中所处的地位，并且运用适当的技巧和方法来谈判，这样才能做到游刃有余。处于不同优势或劣势下的谈判技巧有如下所示。

（1）己方劣势的谈判技巧

寻弊索瑕技巧、攻心技巧、先斩后奏技巧、疲惫技巧、权力有限技巧和对付精明老练型谈判技巧等，这些实用性强的技巧经常用于己方在谈判时处于劣势的情形。只有真正掌握以上这些技巧，才能使得己方及时控制着谈判的发展方向和进程。

其中，寻弊索瑕技巧比较特殊，它不可以用于与生产型企业的谈判中，而常被用在零售业中。这一技巧是指即使在谈判中己方处于劣势，也要在对方面前展露出自己的实力；而在谈及对方的实力有优势时，要不断地回避，等待对方露出弱点时，再伺机评议对方。

（2）己方优势的应对技巧

己方处于谈判优势时，要想使对方就范，可以采用不开先例的技巧。它是指谈判过程中，己方为了坚持和实现交易的条件，通过列举已有先例来婉言谢绝对方的砍价，使得对方不得不接受己方所有要求。这样做，一方面坚守了己方谈判的立场和原则，另一方面保证了己方在以后的谈判中也能处于主动位置。当买方处于优势时，与有求于己的供应商进行谈判，同样可使用此技巧。

（3）均势谈判技巧

谈判双方势均力敌时，经常会使用迂回绕道技巧。这种技巧的关键在于"以情动人"，可以不直接与对方谈判，而是通过多种其他途径接触到合作方人员。凭着对这些人的了解，与他们在兴趣爱好上保持一致，加深情感交流，那么双方既可以成为朋友，也顺理成章地变成生意上的合作伙伴。

2.4.3 · 采购谈判的沟通技巧

谈判成功的前提是沟通顺利，因此采购人员在谈判时有必要掌握一些沟通技巧。沟通技巧具体可分为谈判开头的沟通技巧和谈判过程中的沟通技巧。

（1）谈判开头的沟通技巧

"万事开头难"，一个成功的开头往往能决定整个谈判的走势，因此，谈判开头阶段的沟通十分重要。那么，如何做好谈判的开场白呢？具体如表2-14所列。

表2-14　谈判开头阶段的3种沟通技巧

序号	方法	解释
1	开诚布公	有什么想法，直接表达给对方，对方一旦采纳可大大缩短谈判的时间，取得理想的谈判效果
2	含情脉脉	可以通过"送水""递茶"等温情形式，向对方谈判人员表达出采购方的诚意，以此来打动对手，让其主动让步
3	积极暗示	在采购谈判中如果不便直接表明态度时，可以通过列举一些有关的典型案例，暗示采购方对销售方的某些看法或提出的一些要求

（2）谈判过程中的沟通技巧

①倾听技巧。学会倾听是采购谈判的基础环节，倾听不仅是听到，还应该对内容进行分析和辨别，此时倾听技巧就显得格外重要。

a.避免先入为主的固定看法。采购谈判前，采购人员收集供方信息的途径只是片面地借助于纸媒、网络等客观载体。当真正进行谈判沟通时，己方对于那些片面的说辞，理应冷静观察和判断。

b.莫让情绪化使你变成聋子。谈判过程中，难免会听到来自对方谈判人员对于己方的一些不利言论，或者说己方认为不太正确的观点，此时千万不要发怒、生气。这样不仅不能解决实际问题，反而留给对方不好的合作印象。

c.一心不能二用。谈判沟通过程是双方互相沟通的过程，一方注意力分散，使得听到的内容不连贯、看到的内容不全面，不仅影响了谈判的进程，还会使得己方做出错误的判断。

d.听而不闻。此类行为应该避免，谈判交流重在信息内容的传递和探讨，而不能把注意力放在其他方面，比如对方的外表上。

②提问技巧。提问是提高谈判沟通有效性的关键一步，谈判的各个阶段存在意味着双方可以提出各种类型的问题让对方去回答。此时，如表2-15所列的提问技巧可能会对谈判沟通有所帮助。

表2-15　谈判过程中的提问技巧

序号	类型	内容
1	开放型问题	不能直接用"是""不是""谁""为什么""什么时候"这些简明的肯定词或疑问词
2	诱导型问题	鼓励对方给出你渴望的答案
3	冷静型问题	感情色彩不够明显
4	计划型问题	该环节在谈判开始前，已成为谈判方主要询问的问题之一
5	奉承型问题	带有奉承的色彩
6	窗口型问题	询问对方的看法
7	指示型问题	直击主题询问
8	检验型问题	询问对某一建议的反应

③说服技巧。当双方谈判时出现意见不一致的情况，掌握说服技巧就显得非常重要，这样可以有效地解决问题。具体说服技巧如表2-16所列。

表2-16　谈判过程中的说服技巧

序号	说服技巧
1	讨论问题先易后难
2	多向对方提出要求、传递有效信息，从而影响对方原本的意见
3	多了解谈判对手本身，以对方习惯的、能够接受的方式、逻辑去说服对方
4	强调对方的共同点，淡化差异和分歧处
5	先谈好的方面后谈坏的方面
6	重点强调合同有利于对方的条件
7	待讨论得到初步的赞成或反对意见时，再提出你的意见
8	多次重复某些关键信息和其他观点

④答复技巧。答复不是简单的你问我答，无论哪一方回答提问者问题，都必须要对其言语负责，它是一种承诺，承载着对方的信任。因此采购人员在答复时，有必要掌握如表2-17所列的技巧。

表2-17　谈判过程中的答复技巧

序号	答复技巧
1	不要彻底答复对方的"提问"，如"我要回去请示老板"
2	针对提问者真实心理的答复，如"价格是灵活的"
3	不要明确地答复对方的提问，如"好像可以完成了"
4	降低提问者追问的兴趣，如"好像到饭点了"
5	让自己获得充分的考虑时间，如"等一下给你明确答复"
6	礼貌地拒绝不值得回答的问题，如"先生，真幽默"
7	找借口拖延答复，如"不好意思，我老板让我过去一下，失陪了"

2.4.4 · 采购谈判的禁忌

在采购谈判中，谈判人员由于受主、客观因素的影响，难免会陷入各种各样的误区，而这些误区恰恰是谈判的禁忌，具体如下。

（1）准备不周

缺乏必要的准备，首先无法得到对手的尊重，自己在心理上就矮了一截；其次，对对方了解得不够，不能做到知己知彼，很容易被抓到把柄，被人利用。

（2）缺乏警觉

采购人员对供应商话语中的某些关键条目和词汇不够敏感，从而无法抓住重点，所以对谈判中可能出现的各种意外条件或机会，很难把握得当。

（3）脾气暴躁

通常一个人如果感情用事，容易被一些不良情绪牵绊，在遇到重大选择时，就很难做出明智且正确的判断，并且还要承担错误决定带来的惩罚。这样的采购人员在谈判对手心里还会留下非常不好的印象，使自己在下次谈判时处于被动地位。

（4）自鸣得意

常言道"骄兵必败"，过分骄傲不但暴露己方谈判的缺点，而且会失去深入了解谈判对手的机会。另外，骄傲易使谈判人员盲目自大，做出不尊重对方、使对方产生敌意和对立情绪的举动，增加不必要的麻烦，最终加大谈判的难度。

（5）过分谦虚

过分谦虚往往会使对手对采购人员产生两大看法：
①对方会认为你没有自信，没有谈判能力，从而对你失去尊重。
②对手会觉得你太虚伪、缺乏诚意、圆滑世故，从而对你抱有戒备心，对你产生不信任的感觉。

（6）心狠手辣

心狠手辣易使谈判人员失去别人的尊重，同时将双方关系推入绝境，对你的事业发展不利。

（7）轻诺寡信

不要为了所谓的虚荣心和名利双收，轻易许下完成不了的诺言，这样不仅会损失自己的信誉，也易使企业名誉受损。要向供应商明确一点：为商信誉为本，无信无以为商。

（8）过分沉默

过分沉默会营造不信任、陌生、尴尬的气氛。这类谈判人员在心理上可能自认为其在整个谈判过程中占据主动地位，因而不需要理会供应商的感受。而此时对方却认为遇到了"木头人"采购人员，也会减少话语表达，传达出有用的信息也就越来越少。最后采购人员可能因为掌握的信息不够全面，而难以争取到更好的交易条件。

（9）过分紧张

过分紧张说明己方谈判人员不自信，缺乏经验和谈判能力，这样会让供应商觉得有机可乘，甚至己方提出的谈判底线，都可能无法达到。

（10）贪得无厌

采购人员代表的是整个企业的形象，在工作中担任的职位越重，越应该珍惜领导的信任和这次机会，不贪图个人利益。面对供应商各种形式的迎合和讨好，采购人员应该遵纪守法、自律廉洁，严守职业道德底线。采购人员要追求的利益是长远的，并非眼前的一点小利。

（11）禁止骗术和投机术

在谈判过程中，无论处理自身的问题还是对方的问题，都要坚持真诚守信、客观公正的态度和做事风格，禁止骗术和投机术，否则终会因为真相暴露而失去客户。

（12）泄露机密

确保商业机密的安全，是采购人员的主要职责。尤其是在业务工作中，要保证信息资料不被盗窃，在谈判过程中绝对要避免暴露确切且详细的企业内部资料。如有紧急的事情，要先关闭电脑、保存好资料，或者将资料随身携带离开。

2.5

采购的价格谈判

2.5.1 影响采购价格的因素

价格谈判是采购谈判中谈判双方磋商的重要内容。为了取得价格优势，采购人员应首先了解影响采购价格的主要因素。

（1）采购商品的供求关系

供求关系是影响价格的直接因素，采购商品在市场上的需求程度决定了采购人员对于价格的评判。当目标商品供过于求时，则采购方处于优势地位，很有可能会获得最为优惠的采购价格；反之，若采购品畅销、短缺时，供应商处于主动位置，就会趁机抬价以谋求高利润。

（2）供应商投入成本的高低

除了供求关系之外，影响商品价格最直接、最根本的因素还包括供应商投入成本的高低。投入成本费用越高，说明商品价值越高，自然售价也会越高。当然，采购方提出的价格一般要在供应方成本以上，两者的差值为供应方所能获得的利润，采购方要做的就是尽量在成本底线上压低价格。

（3）采购商品的质量（品质）

商品质量与商品价格往往成正比，因而质量标准越高，商品价格越高，市场销售潜力就越大。所以采购人员要做的是：在保证采购品质量的前提下，尽可能地压低供应方的出价底线。

（4）采购商品的数量

一般就供应商而言，采购品单价与其数量成反比。但是出于企业发展的需要，供应方为了实现更高的销售量和高额利润，通常会降价出售或采用折扣促销策略。折扣促销策略是指当采购方采购数量达到一定数值时，供应商适当地降低商品单价，所以此类采购商品一般具备以下几个特点：大批量、集中化、价格低。

（5）交货条件

交货条件也会影响采购价格，如承运方的选定、运输方式、交货期的缓急等。例如，如果商品全部由供应商来承运，那么采购方就要花更高的价格，反之就花得要少。

（6）付款方式

付款方式的选择会影响供应商可用资金的流动，对其企业生产与销售都有很大的帮助，因此合适的付款方式会一定程度地降低商品的单价。

（7）采购商在供应商心目中的地位

供应商是否看重和依赖采购商在行业中的地位，也会影响到商品价格。对于经常合作的大企业，由于他们往往采购量大、成交速度快，市场所占份额大，所以供应商不愿得罪这些老客户，给出的商品价格自然不会太高。

（8）专利技术、独有性和垄断性

拥有这些企业特征的供应商，即便是在价格上给采购方让步，只要这个价位不是太过离谱以致不能接受，往往交易依旧会达成，但有些供应商也会利用一些时机又重新抬价。

（9）价格谈判能力

价格谈判能力直接影响到商品的单价，这就对采购人员的业务能力提出了较高的要求。

（10）判断市场行情的能力

市场行情变化是影响价格的主要因素，具备判断该类产品的市场走向、发展趋势、成本分析的能力，是一个采购人员准确掌握价格定位的依据。否则，对市场行情不了解、发展趋势分析不正确、对成本分析更不透彻，均可能造成价格的偏高。

（11）对供应商的沟通和理解

有时，供应商销售人员对于采购方在定价、付款等方面的要求会存在一些意见分歧和抱怨心理。此时，采购人员可以多尝试接近他们，多了解对方的心理和诉求，这样在价格谈判上会更占优势。

（12）企业的商业信誉

供应商企业的商业信誉决定了其设定价格的公平性，影响市场同类型企业的尊重，也给企业在用户心目中的形象产生引导作用。

（13）直接与间接采购

直接采购适用于采购量不大的企业，一般会避开独家代理商提出的代理费用。反之，间接采购要经过中间代理商的报价，其价格自然会高于制造厂家的独家代理商的价格。

（14）交货期的缓急

采购方催促供应方交货，缩短交货期期限，会造成采购价格偏高。

（15）采购人员的责任心

采购人员是价格谈判的直接代表人，工作素养低下、怠于议价、责任心弱，都会使商品价格偏高。

2.5.2 ○ 采购询价

询价是采购价格谈判环节中必不可少的一个步骤。合理询价能促进价格谈判更顺利地进行。那么，在询价时，采购人员应该做好哪些工作呢？主要有以下4个方面，如图2-10所示。

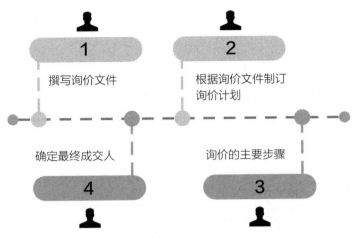

图 2-10　采购人员询价时的主要工作

（1）撰写询价文件

询价文件是供求双方初步谈判的重要依据，主要内容涉及目标产品的价格、品质方面的要求，以此避免最后谈判过程中采购方与供应方各说各话，所以在准备询价文件时一定不能马虎大意。当然，一份完整、准确的询价文件，能在短时间内帮助采购方提出正确有效的价格。一份完整的询价文件至少要包括3个板块的内容。

①询价项目的"品号"与"料号"。"品号"与"料号"是供应商用来区分不同询价项目的简便称呼，是询价文件必备的最基本资料。每一个"品号"代表一位"料号"，它们是一一对应的关系。"料号"的组成比较复杂，即便是一个位数不同，也意味着版本不同，甚至演变为另一种产品"料号"。"品号"的书写要尽量从字面上区分不同产品的特性与种类差异。

②询价项目的"数量"。确定好目标采购品后，接下来要估算采购数量，其数量多少会影响到采购品的最终价格。询价项目的"数量"应具体考虑多个方面的内容：从时间需求方面看，分为"月需求量""季需求量"，甚至"年需求量"等不同程度；从产品等级来看，又分为不同等级的需求量等；询价项目的数量受产品自身特性影响，又有"产品生命周期需求量"的影响。

③规格书。规格书又称产品介绍书，是着重描述目标产品品质的常用文件，体现采购方对于商品的要求，如工程图面、测试规格、材料规格、样品、色板等有助于供应商先报价的一切元素。其中，工程图面最好是最新版本，即使只是为

了简单估价，也需要在文件内一一标明。

另外，规格书的书写要求也非常重要，如表2-18所列是采购方写规格书时需要注意的事项。

表2-18　规格书的书写注意事项

序号	项目	注意事项
1	语言格式	在国际采购中，如果原工程图采用英语之外的语言，如采用法语、德语、日语、西班牙语等小语种进行描述，此时还需用国际通用语言进行翻译，以双语形式展示
2	文件格式	除了书面形式外，国际采购时也可以用电子文档询价，但是必须向供应方询问对方能接受哪种文件格式以及接受的程度。一般国际通用的档案格式有DWG、IGES、DXF、PROE等，以便于供应商转换格式查看
3	备份图片资料	利用电子文档传递文件，难免可能出现内容不清晰、部分缺失的意外状况，此时备份文件就显得十分重要，尤其是工程图最好手绘一份
4	品质要求	品质要求的重要性不言而喻，但在询价过程中不可能只用一种单一形式传递全部有用信息。对产品和服务品质的要求，应以产品或服务的不同特性为根据，综合使用各种方式清楚地表达
5	品牌	采购谈判中最受青睐的产品理应是品牌产品，有了品牌的信誉保证，就等同于保证了商品的质量和市场潜力。一方面缩短了采购方产品上市和被市场接纳的时间；另一方面大大简化了品质检验的手续，采购方只需确认品牌的标识无误即可。然而，此类产品的价格往往比较高，只适用于采购量不大的采购谈判
6	同级品	同级品又称替代品，是指与目标产品功能相同的商品种类。决定是否选用同级品需要在询价时标明，一旦确认使用，必须得到使用单位的同意才行
7	行业标准	在生产型企业中，行业标准是采购谈判时需要遵循的主要标准之一，具体包括产品的尺寸、规格、材料和制造工艺等方面。对一般产品如螺丝钉、螺丝帽、电子组件而言，确立行业标准可以免除品质检验这一环节
8	所用材料和制作方法、规格	如对产品材料或制作方法有明确规定时，必须在合适的位置标明其适用的标准。当然要求标注为DIN欧规时，其对应的CNS和JIS规格最好能予以说明
9	产品性能或功能	采购方应告知供应商产品应该达到的性能或功能。至于怎样达到采购方的标准，由供应商团队全权负责

序号	项目	注意事项
10	样品	应使供应商直接得知采购方所要求的产品外观、品质，特别是在颜色、印刷和市场等级等要求上
11	操作说明书	操作说明书又称工作说明书，是对生产后期服务阶段，如生产车间的清扫、废弃物的处理、工程用品的包装与寄送等方面的说明。一份完整有效的操作说明书，不仅要简单明了地指明操作要求，还要细致了解其工作质量，作为其中对应的绩效考核标准

（2）根据询价文件制订询价计划

询价文件撰写完毕后，接下来就要根据文件制订询价计划，并予以执行。

计划的制订一般由询价小组成员共同完成，以有关法律法规为依据，科学、合理、合法地制订。特别是在一些特殊物料的采购中，要时刻遵守法律法规。计划制订后，经小组负责人确认，最后才可以由谈判成员来执行。

值得注意的是，询价小组作为价格谈判的主要人员，在构成上通常是有要求的，一般由采购人员、专家在内的至少3人组成，其中专家要占到总人数的2/3。

（3）询价的主要步骤

询价的步骤主要有5个，具体如表2-19所列。

表2-19　询价的5个主要步骤

步骤	项目	解释说明
1	确立询价时间	询价时间告知招标办事处、资金管理等相关部门
2	递交报价函	供应商在询价规定期限内递交报价函，工作人员要对报价函的密封情况进行严格审查
3	召开询价准备会	这一步发生在询价前，该会议要确定询价小组组长，由其宣布询价内容和步骤，对小组成员进行任务分配；强调工作纪律、介绍总体目标、工作安排、询价文件，确立与供应商成交的方法和准则
4	正式询价	报价函需要采购小组全体人员的一致签字，并且要做报价记录。按照采购需求、质量服务等同但报价最低的标准，确定1~2名最终候选人
5	总结询价报告	询价的整个过程要通过询价报告呈现出来，询价小组内所有成员和监督员都要签字盖章才有效

（4）确定最终成交人

通过采购小组的书面成交报告和推荐成交候选人的排列顺序，依次确定最终成交人。当成交人因不可抗因素无法参与时，采购小组可顺次选择其他候选人，也可以直接授权于询价小组认定的成交人。

成交人一旦确定，采购人应当向成交人发出"成交通知书"，并把最终的成交结果通知给所有未成交的供应商。

询价结束后还需要撰写采购报告，采购报告完成的时间最好控制在询价结束后20天内。报告应包括询价小组的构成、采购过程、采购结果等有关情况。

2.5.3 · 常用的询价技巧

询价通常是有技巧的，为保证询价的成功率，必须注意以下5点。

（1）尽可能地公开询价信息

公开询价信息的做法适用于金额较大、技术复杂的项目，这种方法可以扩大可用信息的知晓率，保证信息发布的时效性和真实性，询价应给予供应商足够的回复时间；当然询价结果也应及时地公布，只有把信息公布于众，才能避免"信息延误和迟滞""不速之客"等现象出现。

（2）多邀请符合条件的供应商参加

由询价小组集体确定被询价对象，选择的基本依据就是采购需求，且从符合相应资格的供应商名单中应选出不少于三家的供应商。更多符合条件的商户参与其中，可以增加询价的激烈程度。对于那些距离较远的供应商企业，可使用网上询价、传真询价、电话询价等多种询价方式。

（3）不要先定采购品牌

认定一个品牌询价是最为避讳的方法，因为单一品牌询价带来的后果较为严重，如市场价格和货源易被操控，还会引起其他一系列经济反应。所以询价采购中可以先定项目、定质量、定配置和定功能而不先定品牌，将竞争引入询价中，严厉打击询价串标行为，杜绝"木偶型询价""意外询价"，让采购人员真正享受到采购提供的质优价廉的好东西。

（4）选择供应商的标准不能局限于价格

采购人员依据产品的价格、质量和服务对等且报价最低的原则来确定最后成交的供应商，这也是询价采购商的基本原则。以牺牲产品的质量和售后服务为条件来换取过低价格是不恰当的。无论是供应商还是采购人员自身都要理性地看待价格问题。

（5）选择供应商并非要在"三家以上"

前来询价且有真实合作意愿的供应商，往往是此类项目的常规合作商，他们的优势在于对市场采购行情很熟悉。但是，我们不妨考虑到其他不属于此类的供应商，从而拓宽招标的范围。这种供应商包含国外的大型供应商和国内新兴供应商，他们也将是一个不错的合作对象。

2.5.4 了解供应商的报价类型

一般来讲，供应商接到询价单后会在第一时间做出报价。而此时采购人员需要做的就是积极了解他们的报价类型，以对商品价格做到心中有数，在谈判中占据主动。供应商的报价类型一般可分为以下几种。

（1）按照采购诱因分类

按照采购诱因分，报价类型可以分为主动报价与被动报价。主动报价是指供应商在接到订单后立即报出价格的方式；被动报价是指有的供应商考虑到客户需求、商品结构等因素，往往在采购方报出初步价格后再报价的方式。

（2）按照报价形式分类

按照报价形式分类，报价类型可分为口头报价和书面报价。

①口头报价。口头报价是最方便、快捷的一种报价方式，由供应商通过电话或当面向采购人员说出报价内容。用于口头报价的商品一般是供求双方经常交易、规格简单且不易出现错误的商品。口头报价一方面可节省书面报价所需要的书写材料；另一方面会缩减多余的邮寄报价时间。

②书面报价。采用书面报价时，供应商应根据其自备好的报价单或采购部门的投标单和报价单，完整地填写好所有有效内容，如价格、交货时间、付款方式、交货地点等必要信息，然后寄给相关部门核实。对于金额较大的特殊报价，还需要以密封方式寄给稽查部门或财务部门，以便于将来企业拆封后进行比价。

2.5.5 供应商报价的内容

供应商报价的内容可以分为两类：一类是确定报价，另一类是不确定报价。

（1）确定报价

确定报价受法律的约束和保护，称作"报价要约"。它规定在一定期限内报价有效，在这个时期内，如果对方接受报价即"承诺"，那么买卖双方的交易便会立即达成。报价的条件，也就是日后交易成立订立契约时的必要条件。

当然，如果超过规定日期，对方不接受此报价，则意味着这份承诺失效；如果对方接受报价，但要更改原有报价成立的部分条件，这时原来的报价则自动失去了效用，成为新的要约。这种报价常常应用于国际贸易中。

（2）不确定报价

不确定报价形态各异，种类很多。它是指附有额外条件的报价（Conditional Offer）。在法律上，称之为不确定要约。如表2-20所列是不确定报价的4种常见种类。

表2-20　不确定报价的4种常见种类

序号	种类	概述
1	小规模且受约束的报价	供应商报价的依据有很多种，根据每日市场行情，这种报价仅作为报价通知或参考价格
2	确认且有效的报价	此类报价须经过供应商确定后才是有效的。这种报价受约束相对较小，一方面是为表达合作诚意，另一方面可防范意外风险
3	有权先售的报价	供应商的目标客户分为两方时，如果把一批物料向两方客户报价，同意的一方最先拥有销售权，则该报价不再对另一方有效

序号	种类	概述
4	采购方看货后的报价	此类报价受益方倾向于采购方，如遇到股市行情不乐观时，即便是完成看货，采购方也有权拒绝供应商

2.5.6 确定最终的价格

在采购报价中，价格是谈判中较重要的内容之一，但是如何来确定最终的价格呢？通常有如表2-21所列的11种方法。

表2-21　确定最终价格的11种方法

序号	种类	定义
1	实绩法	基于过去的实际购价，算出欲购物料底价的方法
2	目标价格法	采用逆向思维，从过去的产品卖价中推算出产品获利所需要的单价
3	横向比较法	采用同类横向比较法，即先找出与目标产品类似或相像的采购品，通过对已知产品价格影响参数的分析，将这些参数进行反复对比，从而算出大概希望以何价格购入
4	应用经验法	采购经验对于采购人员实践活动很有启发作用，当然价格确定也包括在内。应用经验法即依据采购专家给出的判断，估算出对应的价格
5	估价比较法	估价比较法常常通过两两比较，比较目标产品两家的不同价格区间，参考选出具有有利条件的那家估价，继而算出欲购单价
6	市场价格法	通过目标采购品、原材料市场价格的调查，也可以参考网上给出的报价，研究出欲购价格
7	制造商价格法	价格最终确定还是要基于采购商给出的产品单价，估算出采购价
8	实际成本法	采购完成后，依据投入成本的高低，预计实际成本，算出单价
9	科学简易算法	单价的确定要依据其影响因素和构成基本要素而定，通过对这些要素的分析，可以简单地推算出欲购价格
10	采购价格标准法	每种产品生产、加工到销售，都要满足这个行业的价格标准，包括组成要素单价和成本价格等。当然为追求成本价，自然需要订立成本价格尺度，并依照该尺度计算出产品的欲购价格
11	数量折扣分析法	采购数量是影响采购价的主要因素之一，供应商往往倾向于那些采购量大的合作方，以此来缓冲己方的利润空间，因此在价格谈判中，对于大量购买该产品的客户会予以满减优惠

2.6

采购压价技巧

2.6.1 还价

价格谈判的过程是采购方人员与供应商代表商谈价格的过程，采购方要尽力地压低价格，反之，供应商一方要做的是固守原有价格底线。如表2-22所列是采购人员压价过程中应掌握的3个步骤。

表2-22　采购压价的3个步骤

序号	技巧	解释说明
步骤一	还价	讨价还价
步骤二	杀价	直接议价
步骤三	让价	间接议价

价格谈判中，还价是一种常用的压价技巧，是指采购方因嫌供应商的货价高，而说出自己愿付的另一个价格。

不过，还价也要讲究一个度，或者弹性。也就是说，还价既不能漫天压价、不顾行业价格标准线，也不能为了销量、谋求高额利润而不断地压低价格。过于抬价和压价都是不良还价的表现，两种情况都促使采购方和供应商无法继续交易。

然而，其中一个可行的方式就是化零为整，此方法可以在供应商洽谈过程中起到"润滑剂"的作用。

（1）坚持化零为整

化零为整指的是利用供应商的视觉和心理误差，给供应商一种价格上相差无几，甚至利润区间变大的错觉，此种方法相比小数目报价更容易被供应商认可和接受。

这种报价方式是把小单位换成大单位，加大计量单位的使用，如把"千克"改为"吨"，"两"改为"公斤"，"秒"改为"小时"等。

（2）巧借过关斩将

"过关斩将"是指当采购人员的业务能力到达极限，或不能让供应商给出更优惠的价格时，可借助领导的议价能力。一般供应商报价会观察采购方人员的能力，特别是议价、谈判能力。至于供应商是否愿意降价及降价多少，这不仅取决于价格本身，还会考虑采购方负责人的职位级别。职级越高的领导主管来议价，说明采购方对这次交易重视度越高、诚意越大，供应商越有可能会同意降价。

当然，这也给采购人员转移其工作压力提供了机会，对于金额数目较大的交易，采购人员可请更高一级的领导"出山营救"。当买卖双方的高层见面会谈价格时，往往能确定不错的价格。因为这种好结果完全是由高管在业界的地位和过硬的谈判议价能力决定的。在较大项目的合作中，双方难免会有为未来的互相投资、共创事业铺垫的考量，而这时采购方高管向供应商提出降价需求，对方很可能会答应。

（3）利用敲山震虎

"敲山震虎"指采购方向供应商暗示其所处位置的危险性和种种不利因素，倘若不降价，势必影响企业发展前景，从而迫使其降价。

比起胁迫供应商降价，这种方式更好一些，实际上是采购方抓住了供应商在价格谈判中的某些弱点进行心理上的诱导，促使对方主动降价。采取"敲山震虎"策略与巧借"过关斩将"一样，都要注重还价的度，坚持"点到为止"，让供应商觉得这是天经地义的互助之举，那还价举措也就理所当然了。

2.6.2 • 杀价

杀价，指买主利用卖主急于售出的心理，大幅度地压低价格。因此，以杀价来压低价格是有条件的，一般多适用于采购方有巨大谈判优势，或供应商急于销售物料的情形。

以下是杀价技巧的具体运用。

（1）开低走高

开低走高强调先开出低价，以保证在加价的过程中掌握主动权。通俗点说，一开始就要赶尽杀绝，三百的要砍到一百五，然后逐档添价，步步紧逼，从一百五到一百六、一百七，再借以反讽，使其不得不投降："都加了这么多价，你怎么好意思不卖呢？"

（2）欲擒故纵

欲擒故纵要注意出价时态度的决绝，不要表现出购买的强烈意向，要让卖家从心理上先投降，继而挽留买家，当然这个价格一定是在对方盈利的空间内。价格你砍不下来，就掉头直走、狠心不要了，若买家挽留你，那这笔交易自然就达成了。

（3）疲劳轰炸、死缠烂打

这种杀价方式十分考验采购人员的耐性，即不断地唇枪舌剑、磨价钱。若是今天谈不成，明天就继续杀价，看最后谁先败下阵来。

（4）百般挑剔

采用百般挑剔的方法，要冒着激怒对方的风险，给对方的产品挑毛病，总之就是不能说对方的产品好，让一些心理素质不好的卖家，觉得自家产品不够好，挫伤了卖家的锐气，自然砍价就容易多了。

（5）博人同情

博人同情得找到令对方心软的原因，比如"你家产品是真的太好了，我真想多买几件，只可惜我们企业的预备资金不够用，恐怕只能出这个价了"。一旦供应商心软，砍价的目的就容易达到。

（6）描绘对方获利前景，增强对方成交动力

多方分析对方与己方成交后所能获得的各种益处，以换取对方降低价格，或承诺给其介绍大客户等，予以利诱，使其立场软化，降低价格。

2.6.3 ● 让价

作为采购方，虽然大多时候是被动接受价格，尽可能地压低供应商的报价，但并不意味着只能无休止地压价。在价格问题上要学会有进有退，化被动为主

动，主动让价。让价是指就供应商报出的价格，采购方在还价的基础上，做出更多的让步。

让价不能盲目进行，必须在保证企业采购目标实现的前提下，科学地、有步骤地、有条件地实行。采购人员应掌握以下4条让价原则。

（1）科学设计让价幅度

让价的幅度不能过大，同时要让对方感受到己方让价的不容易，在每次让价中都保持一定的期待。

（2）让价时要分清主次

让价时，在主要问题上给予供方充足的让价空间，在小问题和次要问题上要坚持己方的主导地位。

（3）让价必须建立在一定的条件之上

每次让价都有条件，不要无所谓、无条件地让价。

（4）让价应该有计划性

让价应该有计划性，事先做好计划安排并将具有实际价值和没有实际价值的条件区别开来，在不同阶段和条件下使用。

2.6.4 讨价还价技巧

在还价阶段，双方会就价格争议进行激烈讨论，对所提条件斤斤计较，反复争论。这往往就形成了讨价还价。如图2-11所示是常用的讨价还价谈判技巧。

欲擒故纵	似有若无地隐藏购买欲望
中庸之道	坚持差额均摊原则
迂回战术	越区购入，减少额外成本
直捣黄龙	辨清虚实，直接问价产品原厂
哀兵姿态	适当放低姿态，达成共情
釜底抽薪	找出产品真实价格，给予供方重击

图 2-11 常用的讨价还价谈判技巧

（1）欲擒故纵：似有若无地隐藏购买欲望

当供应商与采购方各项实力差不多时，接下来就是"斗智"。采购方要尽力隐藏自己的购买意愿，不要明显地表露出任何渴望购买的意向，一旦被供应商识破，则购买地位会由主动变成被动。

所以，采购方对待供应商的态度应当是"若即若离""飘忽不定"，先试探性地估计对方的合作意愿，进而判断出己方出价的范围，如对方合作意愿强烈，则要求更低的价格，迫使供应商接受，反之另寻卖家；当然采购人员从供应商的反应中，也能揣测到供应商是否有进一步合作的意愿，第一次出价时对方不愿意接受、也不加价，说明其无销售的意愿；如果供应商要求采购方酌情加价，这是因为供方虽然利润低但的确有销售意愿，此时采购方处于主动地位。

（2）中庸之道：坚持差额均摊原则

差额均摊原则就是供求双方各自让步、共担差额，如果买卖双方就价格死争到底，采购商得不到必需的产品、供应商取不到预期的利润，这对两方都不利。所以，为了实现共同利益，最好的办法是坚持"中庸之道"，即双方议价的差额，各自承担一半。

（3）迂回战术：越区购入，减少额外成本

当供应商占优势时，正面议价显然行不通，有时候可采取迂回战术以得到最佳效果。

某超市在本地的总代理处购入某项化妆品，发现价格比同行业某企业的购入价格要高。为此超市总经理要求总代理说明原委，并比照同行业的价格出售。但是总代理未能解释其中道理，也不愿意降价。于是，采购人员就委托原产国的某贸易商，先行在该国购入该项化妆品，再转运至超市。此种转运安排虽然费用增加，但总成本还是比通过总代理购入的价格便宜。

不过是否使用迂回战术，还得考虑机制运转是否顺畅。例如有些原厂限制越区销售，此时迂回战术执行起来就比较困难。

（4）直捣黄龙：辨清虚实，直接问价产品原厂

其实，供应商的合作态度在一定程度上会影响双方合作的心情和意愿。比如

说拥有单一代理权的总代理商，在采购谈判中处于上风，往往对采购方的议价置之不理，一副随意的样子，这让采购人员有种被羞辱的感觉，此时，最佳做法就是绕过这级代理，找到原来的制造厂家，进而提出议价请求。

另外，采购方要在议价过程中注意总代理的虚实，有些供应商虽自称为总代理，但事实上并未与原厂签订任何合约或协议，不过是借着总代理的名义抬高地位，谋求暴利。所以，当采购方向大多数原厂问价时，一般都能得到回复，但在日本等产、销分离制度严密的国家，采购方无法得到报价，这是由于原厂把询价单转给了供应商。

（5）哀兵姿态：适当放低姿态，达成共情

与所有商务谈判一样，采购谈判也要讲究伦理道德。谈判的主体也是情感丰富的人，议价过程中难免会受到双方地位悬殊的影响。当采购方处于劣势时，其会用谦卑低下的态度博得供方的同情与扶持，在供应商面前展露无能的谈判水平，或以预算不足为由，再三请求降价。

当然，这需要采购人员施展"动之以情"的超强谈判能力，承诺未来会"知恩图报"，利用供应商"来日方长"的合作期望，巧妙地赢得对方的认可。如果采购方提出的价格对供应商而言是有利可图的，那达成交易的可能性就存在；反之，如果这个价格距离供方期望太远，那么无论采购人员如何请求都不能改变供方的要求。

（6）釜底抽薪：找出产品真实价格，给予供方重击

为了避免供应商处于优势地位、攫取暴利，采购人员可以答应供方有合理的利润空间，不然胡乱杀价带来的后果不堪设想。所以，采购人员要向供应商要求其提供所有的成本资料。尤其是一些国外货品，采购方有必要要求供应商提供一切进口单据，借此查证真实的成本费用，同时在给予供应商合理利润的前提下估算出采购的价格。

2.6.5 • 直接议价技巧

直接议价适用于各种经济状况，即便是在通货膨胀、物价上涨时，也能起到降低价格的作用。直接议价的技巧有4种，如表2-23所列。

表2-23　直接议价的4种技巧

序号	技巧	解释说明
1	以原价订购	首先我们要清楚，供应商是不愿意在讨价还价上浪费时间的。特别是对待之前合作过的采购方，很有可能会沿用原价订购
2	说明预设底价	在议价过程中，采购方也应把握出价的主动权，将价格压到最低。这样一来，供应商也会提出与此较为接近的底价，从而迫使对方抬高价格
3	直接拒绝	这种情况常常出现在采购方不愿再讨价还价，且供应商给出的价格已经达到采购方给出价格的上限时
4	要求说明提价原因	一般供应商抬高价格的原因有原材料价格上涨、利润太薄、员工工资提高等。采购方在议价过程中，要注意对方给出的这些原因是否有不合理、存在疑问的地方，一旦有要及时地指出，这样要求供应商降价的胜算就更大了

2.6.6　间接议价技巧

在议价的过程中，也可以以间接方式进行，间接议价分为针对价格因素的议价技巧和针对非价格因素的议价技巧。与直接议价不同，间接议价更需要充分利用技巧。

（1）针对价格因素的议价技巧

①以无关议价的主题开始谈判。商谈之前，最好要谈一些不相关的话题，缓解双方紧张的气氛，借此了解对方，放松心情，慢慢引入谈判主题。

②用"低姿态"博得对方同情。议价时，对于供方提出的价格要表现出困难、无奈的语气，让供应商觉得"于心不忍"。

③尽量拒绝电话、书面议价。因为在看不到供应方时，任何谈判都会失去真实性和灵活性。面对面谈判，沟通起来更直观，可通过观察对方的肢体语言、表情语言等细节，来说服对方，使其让步妥协，实现降价目的。

（2）针对非价格因素的议价技巧

除了针对价格因素议价外，还有一些非价格因素的议价技巧，具体内容如下。

①在协商谈判中主动要求供应方承担售后服务及其他费用等。如果供应方坚持提高议价、不肯让步时，采购方可试图转变谈判思路，利用非价格以外的其他因素为自己减轻一些负担。比如说平常购买家电时，维修服务、快递费用都被包括在采购价中。采购人员往往会忽略此项成本，因此在供应商执意提高售价时，采购人员可以把这项成本费用作为议价的条件之一。

②用认真倾听、温和待人的态度获得供方好感。采购方在与双方议价时，要保持专注认真的态度，既要温和待人，更要据理力争。谈判过程中的所有程序，都要在合法的范围内进行。一方面让供方有被尊重的感觉，另一方面给对方留下负责任的好印象，也就是坚持三条原则："晓之以理、动之以情、诱之以利。"

③适当地"妥协"。适当地"妥协"有利于双方的谈判顺利进行，当供应商坚持己见不肯降价时，若再继续"硬碰硬"，非但不能取得好结果，还可能会"伤了和气"。此时采购方可从谈判条目中的部分细节入手，找出不重要的部分给出让步，以使对方不得不以降价的方式来回馈己方的"恩惠"。这样就间接地达成了理想议价。但在使用该技巧时要注意3点。

a.妥协要一步一步来，千万不能一下子让步太多，不然很难为己方留出额外的议价空间。

b.善于把握时机，让步的同时要督促对方及时"回馈"。

c.学会"吊对方胃口"，即使同意对方所有提议，也不能立马答应。

第 3 章

▼

成本管理：
降低成本是实现利润
最大化的有力保证

企业利润的最优化是采购谈判的目的之一，而降低成本是实现这一目的重要途径。因此，采购人员在谈判中要树立成本理念，分析影响采购成本的因素，并妥善处理好与供应商的关系，选用最有利于降低成本的采购方案。

3.1

控制采购成本

3.1.1 ○ 采购支出成本

采购支出成本，有直接成本和间接成本之分，直接成本又叫基本成本，间接成本又叫意外成本。采购支出成本主要由物料维持成本、订购管理成本和采购不当导致的成本三大部分组成。其中物料维持成本、订购管理成本归属直接成本，或者说基本成本；采购不当导致的成本则归属间接成本或意外成本。采购支出成本相互之间的关系如图3-1所示。

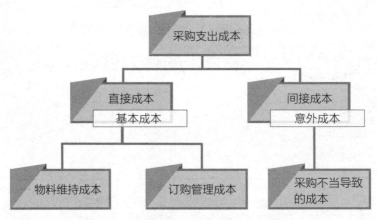

图 3-1 采购支出成本相互之间的关系

（1）物料维持成本

①物料维持成本的定义。物料维持成本专指为了维持生产、储备和运输，进而产生的一切费用。

②物料维持成本的种类。物料维持成本可分为固定成本和变动成本。

固定成本指机器设备出现故障后的维修、仓库陈旧翻新、仓库员工工资等费用，它们与物料数量没多大关联，这些成本都是最基础、最固定的花销。

变动成本与采购数量有关，随着采购量的增加，变动成本包括物料成本自身产生的利息、运输不当导致的破损和变质损失、物料的保险费用等。

③物料维持成本的基本项目，具体如表3-1所列。

表3-1　物料维持成本的基本项目

序号	项目名称	注解
1	维持费用	投入物料维持成本是为了保障产品的好品质，若在维持物料方面使用了大量资金，那用于其他方面的成本支出就会减少。来年用于其他方面的资金回报率为30%，那么至少有20%得用来维持物料
2	搬运支出	搬运支出受物料数量的变化影响，数量越多，需要的劳动力就越多，那相应的劳动力成本花费也会增加
3	仓储成本	属于固定成本，包括仓库维修、整理盘点、维护人员（保安、消防员）和设施等产生的费用
4	折旧及陈腐成本	这部分费用在总成本中占比较大，包括由于产品保质期短、防腐技术有限或经济经营状况欠佳等而产生的费用
5	其他支出	指除基本项目成本外，货物运输中的保险费用、管理费用

（2）订购管理成本

订购管理成本是指企业为了顺利完成采购，用在订购产品这一活动中的具体费用，包括请购费用、采购成本、进货检验成本等。具体内容如表3-2所列。

表3-2　订购管理成本的内容

序号	类型	备注
1	请购费用	目标产品采购前需要支付的各种人工服务费用、文件整理费用、有关部门或监管部门的审查费用
2	采购成本	价格谈判过程中进行的一系列询价、估价、还价、比价、议价基本人工费用和公共用品费用
3	进货检验成本	检验人员用于产品核查的机器使用费、验收手续的工作费用、交通费用等
4	进库成本	产品进入仓库前的搬运费
5	其他成本	会计入账时的各种支付条款费用

（3）采购不当导致的成本

采购不当导致的成本指的是采购中断或未能在采购时间内进行活动的损失，包括停工待料费用、发货延迟费用、丧失销售合作机会和企业信誉丧失等。最重要的是一旦损失合作客户，这对企业以后的发展极为不利。

采购不当导致的成本的具体内容如下。

①过早采购导致的滞料费 。过早采购会导致企业物料管理费用的增加，其中包括人工费、仓储费、搬运费等。一旦订单取消，供方利润也将受到极大的损害，如造成物料滞销。

②存货数量或安全不当导致的冗余或缺货费用。由于产品的市场行情变化幅度有时较大，供求双方易出现需求矛盾。一般来说，生产商内部会保证一定的安全库存量，或缓冲补货，以满足采购方提前订货、急需订货的需要。但是供应商存货量的控制范围和时间很难确定，存货过多可能造成冗余，存货不足则导致产品断料、缺货或滞销等。

③延迟交货及其费用。延迟交货有两种形式，一是由于缺货，需在下次规则订单中得以补充；二是利用快捷运输将物料送至目的地。

前一种形式的延迟交货，建立在客户购买意愿强烈的状态下，即客户愿意等待一个周期去补货，对供应商来说并没有多大的损失。但是，一个生产型企业经常缺货、断货，势必会使采购方失去耐心和合作意愿，转而投向交货准时的供方企业。

后一种延迟交货方式，只适用于特殊订单中，会产生高额的运送费，相比前者来说不够划算。

④失销成本。这笔费用经常难以估计，采购方多通过电话询问存货量，希望供方告知其数量，以此判断进购量。若目标产品此时缺货，那采购方一定不会告知供方购买量，因而供方企业不知道其损失利润多少，更不知道缺货对其未来发展有多大影响。即便是一些采购企业愿意等待供方补货，但还是会有企业放弃这笔交易，转向其他供货商，这部分流失的客户量，则成为供方企业利润损失量的依据。同时损失的成本还包括当初接下这笔业务的销售人员的人力和精力，这属于流失机会成本。

⑤失去客户的成本。与失销成本相比，失去客户的成本损失不仅难以估计而且十分严重。此外，因为经常性缺货，会让客户转向其他竞争企业，从而丧失了客户和一系列的收入。除了直接利润损失，由于信誉问题还会造成该企业损失大多数潜在客户量，但在实际经营中这一点却经常被管理者忽略。

3.1.2 采购价格成本

采购价格成本很大程度上取决于采购价格的高低。而采购价格包括所采购的产品自身的定价和在购入时花费的其他费用，它由供应商产品成本费用和供应商目标利润的总和决定。用公式表示即：采购价格=供应商产品成本费用+供应商目标利润。

（1）供应商产品成本费用

供应商产品成本费用，即企业生产产品所需的一切原材料费用、人工费用和制造费用的总和。如图3-2所示。

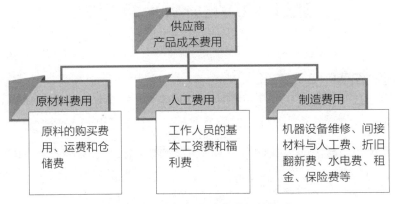

图 3-2　供应商产品成本费用的构成

①原材料费用。原材料或原件是构成目标产品的重要组成部分，具体有原料的购买费用、运费和仓储费，其中有折扣的费用不包括在内。

②人工费用。人工费用指的是产品制造过程中，用到人力而产生的费用。这些工作人员的工作内容有加工、组装和分配等，其费用由基本工资费和福利费组成。

③制造费用。除原材料费用、人工费用这两种基础费用以外的其他费用统称为制造费用，它是一种间接成本，包括机器设备维修、间接材料与人工费、折旧翻新费、水电费、租金、保险费等。

此处的间接材料指制造过程中所需的工具、模具、润滑油及螺丝钉等辅助配合性工具，而间接人工则指不直接参与生产，同时又格外重要的人工服务，像不同部门的管理人员、检查人员、维修与清洁人员等。

（2）供应商的目标利润

目标利润（Profit）=供应商总收入－（总成本+税金），对供应商而言，产品的总投入成本和税金是相对固定的，但给供方的价格是灵活多变的，所以获取高利润的唯一途径是尽可能地抬高供价。而采购方企业，他们考虑的是如何尽可能降低采购成本，使得供方所获利润空间缩减。因而采供双方的谈判重点在供方利润空间的浮动范围上。

3.2
通过VA/VE分析采购成本

3.2.1 何为VA/VE

VA/VE即价值分析和价值工程，分别是Value Analysis、Value Engineering的缩写。对于这两个专业术语，很多人表示很难理解，其实不难理解。比如，我们购买一个产品，买它的什么呢？是那个物体本身吗？不是。其实，买的是它的功能 F（Fuction），而功能和成本 C（Cost）有关，用 F 除以 C 就是价值 V（Value）。而无论是价值分析（VA）还是价值工程（VE），在这里都可统称为价值，由于其计算方法、表达的意思是一样的，所以两者通常一起出现。

用公式表达即为：

$$V（Value）= \frac{F（Fuction）}{C（Cost）}$$

其中，V（Value）在这里指的是价值理论系数，F（Fuction）指功能重要性系数，而 C（Cost）为成本系数。

不过需要注意的是，VA/VE也不是完全没有区别，从其写法上就可以略见一斑，具体如图3-3所示。

价值分析 Value Analysis（VA分析）

关注现有产品和系统的管理流程。它协调运营中的全部功能，着眼于生产和产品销售的整体成本。

价值工程 Value Engineering（VE 分析）

关注新产品的功能性需求，应用于生产的设备设施和流程以及组成它的原材料，达到低成本但不损失原有功能，质量可靠。

图 3-3 VA/VE 的区别

3.2.2 何为VA/VE分析

从采购方角度来看，VA（价值分析）之目的是寻求成本最小化和追求价值最大化；VE（价值工程）的目的是以产品最低生命周期为基本条件，通过剔除无用成本、简化程序、寻求变更和替代品等方式，最终达到降低总成本的目的。而这部分无用成本主要产生于目标产品设计、制造、采购这一流程中，因此价值工程的目的还在于削减无用成本。

根据公式$V=F/C$得知，所谓VA/VE分析就是让这个公式的分子、分母变一变，使得V增值。

例如，电冰箱厂家在生产电冰箱配件螺丝的时候，工作人员找来了铁、铜两种性质的配件，其中一枚铁螺丝钉的制造成本为2角，一枚铜螺丝钉为3角。在功能相等的前提下，从价值理论角度看，选择铁螺丝钉的价值系数更高。

上述案例中选择铁螺丝钉的做法，就相当于让公式中的分子（成本）变小，从而使得V增值。据此我们进一步分析，VA/VE分析的具体实施可以有4种变法，具体如图3-4所示。

$$V\uparrow(\text{Value})=\frac{F\rightarrow(\text{Fuction})}{C\searrow(\text{Cost})} \quad ; \quad V\uparrow(\text{Value})=\frac{F\searrow(\text{Fuction})}{C\downarrow(\text{Cost})}$$

$$V\uparrow(\text{Value})=\frac{F\nearrow(\text{Fuction})}{C\rightarrow(\text{Cost})} \quad ; \quad V\uparrow(\text{Value})=\frac{F\uparrow(\text{Fuction})}{C\nearrow(\text{Cost})}$$

图 3-4 VA/VE 分析的 4 种具体实施方法

图中Value表示价值，缩写为V；Fuction表示功能，缩写为F；而Cost表示成本，缩写为C；箭头的方向表示各要素的变化趋势。四个公式阐释了不同条件下，各部分要素相应变化的过程。当功能不变时，成本越低，则价值系数越低；

当功能系数下降时，成本越低，价值系数越低；当成本不变时，功能系数越高，价值系数越高；当功能系数上升时，成本越高，价值系数越高。

通过VA/VE分析，可以对产品进行全方位的改善，以达到成本上的"物美价廉"，而成本上的物美价廉也是我们VA/VE追求的终极目标。

3.2.3 · VA/VE分析步骤

为保证VA/VE分析对产品做全方位的改善，在实施过程中不但要充分了解和熟悉VA/VE这种工具方法，还要严格按照既定步骤进行，具体步骤如图3-5所示。

1	2	3	4
选择分析对象	对目标产品进行分析	收集相关资料	针对问题提出整改措施

图3-5　VA/VE 分析步骤

（1）选择分析对象

选择分析对象，优先从采购数量、价值系数、企业形象和成本消耗值等方面考虑，如采购数量较多的产品；采购价值较大的产品；对企业影响较大的采购产品；成本消耗较多、花费较多的采购品。

（2）对目标产品进行分析

确定目标产品后，接下来要着重分析目标产品的功能，也就是采购产品自身价值、服务功能的大小。

例如，有一家电脑企业要来组装最新机型，在选择组装顺序时犯了难，到底是先组装计算机主机还是先组装计算机外观。经过一番功能分析，得出结论：先组装电脑主机后设计。这是由于电脑主机控制着电脑的开关和运行，比起产品外观要实用得多了。如果说外观功能大的话，电脑恐怕也不会装这么多电路了。

不难看出，对产品功能分析的目的，是为了针对功能安装配件，同时选择可替代的、有效的功能配件。

（3）收集相关资料

收集采购产品、采购过程等资料，其主要内容有采购品制造成本、品质、制造方法运用、单位产量与采购品的发展状况。

（4）针对问题提出整改措施

整改措施主要围绕着产品的简化、更改和替换等进行。

①剔除无用成本。例如，在选择何种出行方式时，要依据两地之间的实际距离。如a地与b地相距20多千米，选择步行前往与乘车两种方式中的哪一种，结果不言而喻。

②简化谈判程序。例如，在价值工程中选择分析对象要依据其功能，对于一件既便宜且市场需求量不大的配件，其实没必要进行采购谈判。

③选择有用的替代品更换。在采购过程中，不是说一定要以配件的高品质作为唯一的衡量标准。好比：制造一台家用电风扇，是选择塑料外壳还是铝制外壳？排除功能相等的条件外，考虑到塑料外壳对使用者无任何不利影响，它是可以作为采购配件的，根据原因在于其价格较低。

影响采购成本的5个因素

3.3.1 所参与部门的配合程度

采购工作是一项"大工程"，通常需要多个部门的共同合作，通过不断的沟通、交流，制订出最优的采购方案，为采购谈判代表成功谈判奠定基础。那么，采购业务通常又有哪些部门参与呢？如图3-6所示。

图3-6　与采购部门通常有合作的部门

（1）生产部门

在生产型企业中，采购部门与生产部门的联系最为紧密，因为采购而来的货物基本都会直接用于生产，从这个角度看，采购在某种意义上就是为生产部门服务的。对于目标产品的选择，生产部门人员更有发言权，这得益于长期的实践经验和技术优势。

通过与生产部门的沟通，采购部门能及时掌握与产品有关的一手资料，包括物料的需求量、数量、质地以及其他方面的资料。获得这些信息后，采购部门要做的是把这些资料进行整理、分析，初步确定采购计划。

当然，采购部门与供应商在谈判中得到相关信息和资料后，也有必要及时地通知生产部门，以便调整生产计划。

（2）仓储部门

采购而来的材料通常需要进入仓库进行重新整理。仓储部门主要负责物料的收发与储存，因此需要清楚采购物料的有关信息，包括物料的数量、价格趋势、到达时间等，以方便仓储部腾出一定的存货空间，避免物料积压或供货不足。

而仓储部可以提供给采购部所需要购进的物料名称、规格及数量等，以便于采购方需要时及时补货，不需要时暂时停止购买。

（3）销售部门

采购与销售部门的关系通常体现在非生产型企业中，采购回来的产品通常用于直接销售。对此，我们可以通过下面的案例来进一步了解。

李媛是某大型超市的采购专员，她的任务就是按照市场行情选择有用的、数量合适的代售货物。在她负责采购的酒水业务中，与供应商之间的数量谈判出现了问题。目标产品为矿泉水，李媛所在的企业销售部主管告诉她只需要小批量购买即可，因为现在离夏天还有两个多月，没必要买那么多，造成意外冗余或囤货。所以，即便供应商提议其多购买一些，她仍坚持以原购买量的一半为底线，并以多购进造成的损失由采购人员自身承担为理由，拒绝了供方的提议。

没想到刚过五月，天就立马热了起来，超市上架的矿泉水全部售空，销售部门催着李媛采购物料。但供方此时说补货可以，不过这个空缺期至少得一周多，要想有现货得加钱才行，意外多出来的费用使得超市陷入被动状态。李媛与销售部之间却相互推卸责任，都认为是对方的责任较大。

由上述案例可以看出，采购人员要及时与销售部保持不间断的联系，尤其在进货量方面，不可以擅作主张，一旦真的出现问题，又可能会出现相互推诿、拒不承认错误的情况。

（4）财务部门

采购部门与财务部门的联系主要集中于货款支付上。采购人员在与供应商谈判成功后，接下来需要财务部及时付款，以保证采购人员成功拿到货，如若这一环节出现支付延迟的状况，导致物料储备不及时，会对企业利润和未来发展带来一定的影响。同时，销售部会认为这是采购部办事效率低下所致，从而影响销售进度。

另外，财务部有责任对采购部所花费用进行审核、监管，这有利于企业投资成本的优化，但往往易引发财务部与采购部的一些冲突，此时沟通与协作显得格外重要。

总的来说，采购部门与财务部门的合作是否紧密，关系着利润成本是否最优和采购工作是否顺利。

（5）其他所涉部门

当然，采购部的跨部门交流协作不止上述4个部门，也包括与其工作有关的其他部门，具体还是得看企业的人事安排和岗位职能设定。因为不同企业，内部的职能安排也是完全不同的。

采购部经理的工作重点在于与不同部门进行协商，加强与其他多部门的交流，以对整个采购工作进行整体把控和指导。而各个部门也需要依据采购经理的意见，执行一定任务，遇到问题要及时沟通。

3.3.2 采购批量和采购批次

采购批量和采购批次是影响采购成本的重要因素，往往会因为采购批量小，批次多造成采购成本的上涨。采购批量和采购批次的概念如图3-7所示。

采购批量	采购批次
销售订单流转采购订单时，采购订单的数量取销售订单的数量。如果销售订单的数量不足为一个采购批量时，采购人员可将其按一个采购批量处理	按照采购计划所要求的时间，采购方要求供货商按不同的供货时间送货

图 3-7　采购批量和采购批次的概念

采购批量与采购批次分别决定着采购数量和次数，每个时间段采购多少货、分为几个批次收货，这不仅是采购方与供应方之间交流谈判的结果，还需要和企业上下有关部门的综合协商决定。掌控好采购批量和采购批次，有利于保证企业利润的最优化。

因此，一批物料分几次采购，每次采购多少是一个专业采购人员在采购前必须要考虑的，要争取计算出最佳采购批量和采购批次。

3.3.3 交货期、供货地点与付款期

在影响采购成本的因素中，交货期、供货地点与付款期是不可忽视的因素。如果以上任何一个条件无法满足企业正常生产经营的话，价格再低也不能构成完美的采购业务。

（1）交货期

交货期指的是从采购方下单、供应商发货，物料从仓库出仓到装上运输工具这一过程中所花费的时间或期限，也可称为"装运期"，简单来说就是指从下单到收货花费了多长时间。

交货期由下单期决定，而下单期又受到物料业务不同的影响。例如，在国际贸易中，海运运单的出单日期一般为物料装船日期；而对于其他运输方式，如铁路运单、航空运单、邮政包裹运单及国内外多式联运运单，其出单日期以物料装上运输工具或由运输工具专门的接收人收管物料的日期为准。

由此可见，发货期或装运期延迟势必影响交货期，交货期越短，企业耗费时间越短、成本投入越少，则收获利润就越高，反之，企业利润就越低。当然，选

择什么样的运输方式、运输时长消耗，也会影响到交货期和物料的质量保持，对于一些附加值较高的物料来说，过长时间的运输会直接导致企业成本增加、利润减少，甚至超过了物料本身拥有的价值总量。

有些供货商抓住了这一点，专门邀请物料供应商将其生产基地建在一个工业园区内，根据生产任务来提高库存利用率，实现零运输，从而大大缩短交货期，真正减少了采购成本。

（2）供货地点

供货地点由采购方来决定，在选择时要考虑到交货期、运输方式等因素的影响。除此之外，物料抵达时采购方与供应方之间又该是怎样一种状态呢？

首先得确定好交货期限、运输方式和交货方式等。其次，一旦物料按时到达，需要由采购方进行检查和审核，确保质量与数量与合同标准一致，这样才算真正完成这笔交易。

① 质量验收标准。由国家相关法律法规明确规定，还包括行业规则和其他各项标准，或企业产品说明书和合格书，并以此进行核查。

② 数量验收标准。主要依据是双方签订的合同和相关文件，具体包括装箱清单、产品清单和产品组件，还有产品的说明书、出厂的合格书，且应再三确定无误后，由双方交接人签字盖章。

此举是为了降低采购方的意外风险，避免成本费用增加和企业利润受损，从而有力地维护自身的权益。

（3）付款期

在采购成本控制中，付款期是采购方和供应方共同关注的话题。

付款期指采购方向供应商付款所用的时间，这是双方在采购谈判中事先约定好、经过合同签订的重要事项。付款期分为一次性付款与分期付款等方式，其中一次性付款即"一手交钱一手交货，双方货款两清"。在实际情况中，根据采购方自身经济状况和经营状况，付款期也有所不同。

当然，付款期不可能一味地向后延迟，根据国家商法的相关规定，原则上不允许有拖延付款的情况发生。但由于卖方货款到账时间晚、资金周转困难等多种原因，采购方可能无法做到及时付款。所以在采购方与供应商的协商与约定下，延迟付款的方式有效地缓解了采购方资金周转的压力，增强了灵活性，但是长期的延迟付款，只会让供方觉得采购方不可靠，从而失去合作的热情和意愿，从长远角度看，这对采购方来说是很大的损失。

3.3.4 ○ 价格差异分析能力

价格是根据采购方用于采购生产物料所消耗的原材料成本和人力成本而定。而采购价格不仅由所采购的物料自身的价值含量决定，也与采购方谈判人员所具备的个人能力有关，这个能力主要是指对采购物料的价格差异的分析能力。

分析能力是谈判的前提，只有对采购物料的成本、价格进行科学、合理的分析，才能为接下来的谈判提供确凿依据，建立起自身的谈判优势。那么，采购人员如何对成本、价格进行分析呢？

（1）分析产生成本、价格差异的原因

物料的价格是有差异的，同一种物料，在不同的供应商处的报价也是不同的。作为采购人员，要能分析出产生这些差异的原因。一般来说，产生价格差异的主要原因如图3-8所示。

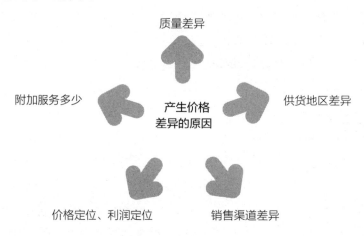

图3-8　产生价格差异的原因

①质量差异。质量差异体现在不同批次的物料上，价格不同也反映出其质量的参差不齐。采购方由于对物料采购的标准模糊不清，往往难以准确地进行价格分析，这是采购人员需要谨慎处理的一个方面。

当然，一些供应商出价过高，可能会有"王婆卖瓜，自卖自夸"的嫌疑，这种现象不足为奇。也有可能该家产品的质量确实可靠，这就需要采购人员仔细分辨供方言语的真实性。

②供货地区差异。由于供方产区的分布不同，采购方来选择的提货点也是不同的。根据采购方企业所在区域经济发展的特点，供方也会提出不同的报价。采购方在价格谈判前，要进行多方面的调查和研究，做到心中有数。

③销售渠道差异。销售渠道也会影响采购方的进货价格，例如，同一产品的出厂商下有多家大型超市或经销商、个体零售商等，物料从出厂到消费者手中经过的环节越多，产品的最终价位就会越高。

④价格定位、利润定位。供应商的企业发展趋势或程度为采购方提供了一个较好的价格思路。这是因为处于发展初期的小型供应企业，他们的业务目的在于生存和积累客户，不会向采购方提出过高的价位。但是，对处于发展中后期的企业来说，他们需要用更多的资金助长企业的发展势头，如果产品在市场上并不占绝对优势，此时供应商的定价或抬价空间会受到限制，产品的升值或增值也面临重重困难。

⑤附加服务多少。供应商提供给采购方的不仅是物料，还有更为全面的服务体系，这一过程所产生的成本也被计入采购成本中。服务越到位、越人性化，其成本价格越高。当然，若供方为采购方提供全套服务时，其服务条目越多、质量越高，最终的服务价格也会越高。

以上5点是从供求双方角度去分析影响采购成本的因素，从采购费用源头来看，企业的经营成本是其决定因素，企业经营状况、人力资源成本、供应链投入金额以及宣传投放等因素，都或多或少地影响到企业的发展。

（2）明确价格差异分析与谈判人员能力的关系

价格差异分析与谈判人员能力是一种什么关系？试想，同质量的产品，对采购方来说，肯定是价格越低越好，但是怎么才能让供应商心甘情愿地降价呢？这就需要采购人员周密地准备，在开始谈判前对相关谈判内容进行分析，找出影响价格的主要因素及其相关资料，然后分析其原因，为正式谈判增加筹码，培养应对能力。

除了目标供应商外，对其他供应商的调查、各个地区的调查、市场价格和供需情况的调查，谈判人员都应该考虑周全。同时作为谈判主体的采购人员应当保持平静镇定的心态，要懂得与供应商发生价格上的分歧是必然的，学会调整心态，增强心理素质，运用所掌握的资料巧妙地将分歧转化为共识。

3.3.5 ○ 自然灾害等意外因素

自然灾害等意外因素是不可抗力因素，在采购过程中往往是难以避免的。尽管是不确定性因素，但很可能成为影响企业采购的主要因素。一旦遇到自然灾害，采购成本必然上升。因此，采购方要尽一切可能地避免或减少自然灾害对采购成本的负面影响。

同时，由于自然灾害具有不确定性，采购方要提前做好各项预警与防范措施，或者制订一套完整的、切实可行的、有效的预备方案，一旦有紧急状况发生，随时都可以启动预备计划，以及时地弥补和挽回不必要的损失。

3.4
降低采购成本的5个方法

3.4.1 ○ ABC分类法：对采购库存进行分类控制

ABC分类法，全称为ABC分类库存控制法，又称帕累托分析法、柏拉图分析法、主次因素分析法。它是根据事物在技术或经济方面的主要特征，进行分类排队，分清重点和一般，从而有区别地确定管理方式的一种分析方法。由于它把被分析的对象分成A、B、C三类，所以又称为ABC分析法。

ABC分类法是针对全仓一年所有物料，按照其货币价值高低进行分类控制的方法。其分类原则主要是基于对低价值物料的管控，从而省出更多的时间和精力，以便更好地完成高价值物料的管理。

A、B、C三种采购物料，其在总物料中所占的金额和品种的比例是不同的，具体标准如图3-9所示。

图 3-9　A、B、C 物料在总物料中所占金额和品种的比例

由上图可见，分类物料在总金额中的占比越高，其品种占比就越低，说明品种好价格就贵。

（1）与A、B、C三类物料相应的库存管理法

不同的物料有不同的分类标准，依据这些固定的标准可以制定相应的库存管理法。

首先，A类物料其货币价值最高，因此对A类物料要重点管理，严加控制，一般采取较小批量的定期订货方式，尽可能降低库存量。

其次，对货币价值量最低的C类物料，此时采用较大批量的、批次定量的购货方式，一方面可以节省手续，另一方面能留出精力以便管理重要物料。

再次，对价值量不高不低的B类物料，这种情况就不太容易制订库存管理法。

（2）A、B、C三类物料的采购

分为A、B、C级别的物料，其采购形式、方法或渠道甚至特点都有所不同。

①A类物料的采购。

a.采购形式。A类物料往往占用有效资金最多，所以必须严格采取定期订购。当然，订购频率可以适当地长一些，同时每次采购回来后要进行精心管理。一般采用订货的方式完成采购计划。

b.采购方式。因为A类物料货币价值高，所以一定要控制好采购总成本，同时保证采购的质量过关。询价比较采购或招标采购，正好能满足这两方面的需求。这就要求采购人员坚持严格、合法、正规的采购程序，在采购前进行市场调查，做到货比三家，就大宗材料、重要材料必须要签订合法有效的购销合同。

对物料的要求主要是质量、规格、品种、数量等，应待采购报告验收合格后，材料才能入库，一般采用计量验收的方法。在材料结算货款环节，包括检查和调整，如果存在偏差，一定要及时、有效地纠正过来。

② B类物料的采购。

a.采购渠道。B类物料的价值量居于中间位置，一般采购批量没有A类物料多，所以这种物料一般很常用，当然也有一些专用的特殊物料。其订货渠道比较单一，客户多采用定做及加工改制的方法，适用于一些非标准化产品和专用设备等物料，其中加工改制包括带料的加工方式和不带料的加工方式。

b.采购方式。B类物料采购批量不是很大、价值量偏低，采购方往往渴望低价位进行采购。因此，采购方式可采取竞争性谈判。采购方直接与三家以上的供货商或生产厂家就采购事宜进行谈判，从中选出质量好、价格低的供应方。

c.订货方式。订货方式可采用定期订货或定量订货。即便B类物料并没有像A类物料那样进行精心管理，但其物料在评估、采购、运输、保管和发放等环节管理中，要求与A类物料是相同的。

③ C类材料的采购。

a.特点。C类物料的货币价值量过低，所以在企业生产中需求小，用量也小，甚至在市场上是可以直接购买到这些常见物料的。在生产中属于辅助性材料，很容易造成积压和冗余。

b.进货渠道、订货方式。企业对C类物料的需求并不强烈，因而市场采购的进货渠道更便捷，定量采购能确保企业生产投入成本最优。这一点是十分重要的，千万不能盲目大量地采购，忽视对市场行情准确的调查，忽略采购材料的质量、价格等重要市场信息，而应坚持择优采购的原则。采购程序要正当、合法，流程要提高透明度，材料保管人员要加强保管与发放，严格遵守领用手续，做到账、卡、物相符。

（3）不同级别物料的管理

与其他物料分类管理方法相比较，选择物料A、B、C分类管理法，往往能保证以下几个优点：产品质量过关、材料消耗合理、浪费现象基本不存在、库存积压的情况不存在。当然，无论选择A类物料，还是B类、C类物料，都需要采购企业工作人员认真做好物料的计划、采购、运输、储存、保管、发放、回收等环节的具体管理工作。

此外，要根据不同的物料划分标准，采取不同的订货渠道和订货方式，做到这些才能及时准确、有效地做好材料质量与成本控制，最终实现节约成本、提高企业经济效益的目的。

3.4.2 目标成本法：以市场为导向确定目标成本

目标成本法是一种以市场为导向，对有独立制造过程的产品进行利润计划和成本管理的方法。这种方法使成本管理模式从"客户收入=成本价格+平均利润贡献"转变为"客户收入=目标成本+目标利润贡献"。

传统采购法主要面向现在的定价，公式如下：

$$成本=利润+销售价格$$

与传统采购法不同的是，目标成本法着眼于未来销售市场的价格，根据价格规律从而判断出今天原材料采购品的价格。用公式表示：预计未来−目标利润=采购价格+制造成本。

目标成本法是所有采购方法中较为科学、系统化的方法，其定价方式并不是一味地、没有目标地谈价、压价，而是运用科学原理核算出应该采购什么价位的产品、配件，才能让企业获得利润。这就是目标成本法的采购意义，其核心在于采购品价格的制定。

目标成本法对于采购方而言，能实现有目标的定价采购和采购成本的降低。实施目标成本法的关键是对市场的定位，核心工作是制定新品目标成本。

综上所述，使用目标成本法必须做好两点：一是对市场进行定位，二是制订新品目标成本。

（1）对市场进行定位

由于目标成本法是一种以市场为导向、对有独立制造过程的产品进行利润计划和成本管理的方法，因此，在使用这种方法时必须时刻以市场为导向，将市场变化作为成本投入的指导。要以原有产品制造、生产和后期服务这一整体过程为操作对象，并通过各种方法不断地改进产品与工序设计，确保新品成本小于或等于目标成本，最终实现最优化采购目标。

同时，使用目标成本法要以大量市场调查为基础，做好调查工作，然后根据客户认可的价值和竞争者的预期反应，估计出在未来某一时间点市场上的目标售价，再减去企业的目标利润，这样才可以得到目标成本。

（2）制订新品目标成本

在制订目标成本时应符合以下5原则，如表3-3所列。

表3-3　制订目标成本的5原则

序号	原则	具体内容
1	可行性原则	目标成本必须是企业经过主观努力可以达到的，应立足于企业现有的资源条件和生产技术水平，符合国内外市场竞争的需要
2	先进性原则	目标成本必须能够反映企业在现有条件下通过挖掘内部潜力、加强企业管理，应该能够达到的成本水平
3	科学性原则	目标成本必须广泛收集和整理一切必要的资料，以可靠的数据作为依据，运用科学方法加以测定
4	弹性原则	目标成本要能随客观条件的变化而随时调整。同时目标成本要便于分解，以利于开展成本指标归口分级管理
5	群众性原则	目标成本要反映广大职工的意愿和信心

3.4.3 集权采购：降低采购风险和成本

集权采购，可以理解为集中采购，主要用于企业内部或某个产业链内部，目的在于降低分散采购带来的选择风险和时间成本。主要是指企业总部对于各分企业权力的压缩和统一。考虑到分企业可能会与供应商有串通，为了防止这种意外成本的增加，需要把所有要采购的物料集中在一起，由总部采购，各分部只需要取货付款即可。

（1）集权采购的优点

集权采购对采购成本有三大有利影响，如图3-10所示。

图 3-10　集权采购对采购成本的三大有利影响

① 简化采购流程。集权采购能简化采购程序，把分散的采购品集中到一起，节省订单、转运、卸货、入仓库等环节，从而大大提高工作效率。

② 降低采购成本。采购流程的优化，使得采购所花费的包括人力、物力等在内的直接费用大大降低，同时也降低了采购过程中必须花费的间接费用，如订金、运输费、搬运费、质检费、保险费等等。集权采购整合了重复性流程，节省了大量的间接成本。

此外，采用集中采购，供应商往往会给予采购方价格上的优惠或折扣，因此单位商品的价格有所降低。这样一来采购谈判就节省了谈判时间和精力，工作效率也迅速提升。

③增加采购总量。如果数量越多，那平均分担到每一件物料品身上的钱就越少。所以说价格的变动与批量采购有很大的关联，依据联合企业的经营模式，不难发现不同情况的采购可以转换为大量采购，增加采购量；而不同企业的采购，就一个企业同类产品或零件，形成同一规格大量采购。

（2）集权采购的组织形式

集权采购的组织形式是指各部门成员的职责划分，其制订要顺应企业的整体发展目标，以顺利完成采购任务为目的，坚持在企业文化和组织整体布局下进行。

具体的采购对象决定集权采购的方式，如采购额较大的企业，有权带领各大子企业协调和执行任务；有些企业在总部设立了专门的采购部门，供应商选择权与合同签署权由其全权负责，而分企业只有执行权。

（3）集权采购的实施策略

选择哪种集权采购策略，完全取决于总部企业对各子企业或下属企业的股份控制权、税收权力、物料权力和进出口业绩统计等因素，因此一个企业内部可能存在多种集权采购模式。

① 集中订、分开收、集中收款形式。这种策略基于集权采购的理念，由集团总部或总企业来掌管采购各项具体事宜，寻找供应商并与之谈判，制订采购价格等，还要负责订货采购等工作。完成所有物料采集后，向总部旗下各分支机构发出采购邀请。

由总部集团对所有申请进行汇总、调整，最后整理下达采购订单，并发布收货通知单给各分支机构，各分支机构根据具体订单进行收货入库。总部对各分部的收货单进行汇集，然后与外部供应商结算货款，再根据各入库单和总财务支出单进行内部结算。

② 集权采购后调拨模式。这种策略与前一种策略相似，区别在于物料入库和分散环节。使用该策略时，总部同样负责各项采购政策的制订和采购工作的执行，不同的是，分支机构提出采购申请之后，总部要根据各分支机构的采购申请，启动内部调拨流程，制订调拨订单并做调拨出库，分支机构根据调拨订单做入库处理，两者最后做内部结算处理。

（4）集权采购的缺点

当下是企业内部资源整合、经济管理一体化的时代，集权采购往往能获得规模效益并适应了生产消费全球化的要求，这是分散采购难以做到的。然而，集权采购并非"十全十美"，若规划、运用不当则会适得其反。

集权采购的弊端在于易触发部门与集团之间的利益冲突。集权采购的形式是总部企业总揽各分企业的采购权，表面上分企业省去了不少人力物力，却在某种程度上激化了各方矛盾。子企业或分企业认为分散采购更有利于己方收益，因为其给予供应商更多的采购选择权，目标灵活多变，遇到特殊情况更容易发挥应变机制；而集权采购除了数量带来的价格优势外，灵活度不够，意外状况造成的损失更多。

例如，对于设计部门的采购，他们更倾向于新产品的开发，小供应商满足其灵活多变的物料需求。相反，生产部门对于物料的要求则更倾向于规模化、集中化采购，大企业提供的物料无论是质量还是数量，都更加稳定。

这些采购要求不同的部门，常常会出现利益冲突。比如设计部门希望与小供应商合作，对于物料质量和数量都有一定的标准。而采购部却倾向于价格低的物料，更看重价格和数量优势。

综上所述，集权采购有利有弊，因此在使用时一定要把握好度。这个度的把握取决于物料是全部由总部集权采购以取得价格优势，还是总部适当地授权于下属企业，采取灵活多变的合作形式，以此实现集中与灵活中间的一个平衡点。那么问题来了，这个点或度怎么才能做到呢？这就要运用实际采购经验，靠总部与分部之间的不断磨合和总结来实现，不能一下子就确定这个度。

即使确定好了这个分权的度，也要随着采购金额、供应商、合作形式和企业战略等方面的变化而变化，换句话说就是依照形势，及时地调整集中与灵活的比例大小，以适应采购集团的整体发展。

3.4.4 · 招标采购：从中择优选择交易对象

招标采购又称作公开竞标，其本质是利用价格竞争，实现低价采购的目的。具体来看，招标采购是按照规定的条件或流程，由卖方投报价格，并择期公开投标、公开比价，以寻求最低价者公开得标，类似于卖身契约行为，在所有采购方法中比较常见。

招标采购既有优点又有缺点。其优点是具备公平竞争的特点，通过招标能使买家以较低价格获得目标物料，一定程度上防止了谋求私利、暴利的行为。缺点在于其程序的公开透明，需要多重手续，耗时耗力，特别是一些采购方急需的货品或特殊规格的物料，运用招标采购的方式恐怕难以顺利实现。

（1）招标采购的成本意义

招标采购的适用对象一般是政府机关部门、大型集团企业。招标采购不需要采购人员或组织费时费力去寻求合适的供应商，而是用一种公开透明的谈判环境，进行竞标采购。采购方通过观察各个供应商之间不断论价比价的过程，从中选择最为合适的供应商企业。此举有效地避免了采购人员与供应商之间的私下交易。

除此之外，招标采购为采购方节省了寻找供应商所花费的成本，还巧妙地控制了采购物品的价格。

（2）招标采购的实施步骤

招标采购有着具体的操作流程，一般而言，分为发标、开标、决标、签订合同四个步骤，每个步骤有着不同的要求。具体如表3-4所列。

表3-4　招标采购的实施步骤

阶段	步骤	具体内容
一	发标	这是制订发标单或刊登公告并开始准备工作的阶段。要确保完成物料的名称、数量、规格及条件等的具体审查工作，是制订发标单的重要环节，一定要保证内容没有缺失或疑问

续表

阶段	步骤	具体内容
二	开标	开标前要做好几个准备工作，如确定开标场地、出售标单等；接着要将厂商所投的标启封，审查各个供应商或生产厂商是否具备生产资格，如果没有问题再予以开标
三	决标	开标后，要对所有报价单内容仔细地进行审查，确保其合乎规格，再通知举行决标公布会
四	签订合同	一旦决标书发出，则意味着该买卖交易成立，再根据招标规定办理书面合约的签订工作，一经签订合同，招标采购工作也就完成了

（3）招标采购书的书写

招标书是买方将目标物品的名称、规格、数量和条款等陈列其中，而对于投标厂商要做到把其所报价格及条件、要求，分别填在招标书中的对应栏内，盖章投入标箱。真正有效的标书必须由买方审核通过，将合约栏各项填写完整后，并经由相关负责人盖章后才生效。

招标书的订立和书写非常重要，要求规范、完整、条款合理。一份完整有效的招标书，必须得坚守三个基本原则：具体化、标准化、合理化，不然整个招标环节前功尽弃。拟订一份理想的招标书，具体可以按照如表3-5所列的要求去做。

表3-5　招标书的订立和书写要求

序号	要求
1	标购方式的制订要适当，不能随意指定，避免认定唯一的厂牌开标
2	规格开列遵从一定的原则，主要规格必须得明确，次要规格制订要富有弹性
3	所有陈列条款务必合理、准确和具体，公平比较是存在的
4	投标前要注意合约标准条款，要求随同标单发出，对于次要规格可以稍微富有弹性一点
5	标单必须遵从一定的标准，发标程序要与制度要求相符合，同时兼备效率性

3.4.5 · 按需订货：按需采购，避免采购过多或不足

按需采购（Lot for lot），顾名思义，即按照固定需求进行采购，属于特有的一种MRP订货形式，其最终生成的计划订单总数量，划分到每个时间段为企

业净需求量。这种采购方法的优点在于有效避免采购数量过多或过少，同时避免企业采购成本增加，当前在各大企业中运用比较普遍。

使用这种采购方法，需要明确采购实际需求量，即采购净需求量，其计算公式为：

$$净需求量=生产订单需求量-（现有库存量+在途需求量）$$

其中生产订单需求量是指采购预估需求量，而现有库存量是指仓库已有的实际储备量，在途需求量则指未来公司发展所需的采购量。

为了保证计算结果真实有效，采购员应做到以下两点。

（1）库存数据必须准确

采购需求是采购总需求与库存总需求的差值，其中总需求数据是来自订单的直接数据，而库存数据则来自企业仓储内部数据。受技术研发因素影响，库存数据的准确性是目前大多数企业的一个弱点，良好的仓库管理技术，是库存数据正确性和按需订货的基本前提。

（2）按需订货要明确各个采购阶段时间

采购阶段时间，通常以一个周期为依据，这个阶段的总需求量等于同一周期内所有的订单数量之和。具体周期表如表3-6所列。

表3-6　采购周期表

订单名称	配件名称	需要量/个	采购到位时间	下单时间
明华01单	电子	1000	1月10日	2月1日
成华01单	电子	8000	1月20日	2月5日
明华01单	天线	500	1月11日	2月8日
水杉01单	天线	3000	1月12日	2月2日
高科01单	电子	2000	1月18日	2月1日
兴科01单	天线	4000	1月20日	2月10日

为了减少企业运营成本，根据企业实际情况，把采购周期的衡量标准定为一周。比如说从1月10日开始，往后推7天，这7天内所有的采购订单可以全部合并为1月10日。

换言之，

在1月10日，电子需求量=明华01单1000个；

在1月11日，天线需求量=明华01单500个+水杉01单3000个；

在1月18日，电子需求量=高科01单2000个+成华01单8000个；

在1月20日，天线需求量=兴科01单4000个。

第 4 章
▼
合同管理：
防范采购风险，维护企业利益

只有签署合同，以书面形式确定下来才能保证交易有效。因此，采购人员在与供应商谈判时必须明确提出这一点，从拟订合同、提交有关部门审批，再到签署，应严格按照合同法进行，以更好地防范采购风险，维护企业利益。

采购合同的3种类型

4.1.1 分期付款采购合同

（1）分期付款采购合同的定义及形式

分期付款合同是指买受人将应付的总价款，在一定期限内分次向出卖人支付的买卖合同。分期付款是一种特殊的买卖形式，通常有两种形式，如图4-1所示。

第一种形式

双方签订合同后，买方分若干批次付清总货款，供方先供货，同时获得一部分保证金

第二种形式

双方签订合同后，买方先分批付款，供方分批供货，买方付清一部分款，供方提供同等价值的货

图4-1　分期付款的两种形式

无论哪种形式，分期付款采购合同最大特点就是分期支付。不过，需要注意的是，分期付款中的"分期期限"是固定的，特指某个时间段。一般是指从签订合同的第一个月的最后一天作为分期付款的还款日。

（2）分期付款采购合同的特征

分期付款采购合同还有两个法律特征。

①标的物的先行交付性。分期付款买卖是"物先交付型"买卖，即出卖人将买卖标的物一般在买受人第一次支付价款时即刻交付给买受人。

②价款的分期给付性。买受人的价款是按一定的期限分阶段支付的，即买受人在占有标的物之后，需分两期以上的次数支付价款，否则该合同不属于分期付

款买卖合同。

4.1.2 ○ 试用采购合同

试用采购合同类似于销售中的免费试用策略，是指出卖人先给买受人提供样品，在获得客户的满意或肯定回复后，再签订正式的买卖合同。

具体流程是，出卖人事先把标的物交给买受人试用，买受人在约定的期限内使用标的物，并及时地给出卖人回复，如图4-2所示。回复的内容包括认同此笔交易、承诺购买和支付价款。

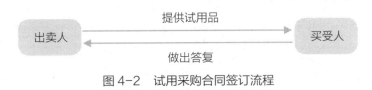

图 4-2 试用采购合同签订流程

不过，由于是试用，在正式合同签订和生效前非常容易出现很多问题。具体包括试用期限问题、确认试用合同生效后的法律后果、确定试用合同后标的物的风险等。接下来，我们来分析这三大问题，以及该如何解决。

（1）试用期限问题

首先必须要满足合同中规定的自愿原则，关于试用期限的规定是试用采购合同中的重要条款，必须要合法。在正式签署采购合同时必须在合同条款中标明。由于特殊原因尚未规定的，可以做出补充协议来强调。

倘若出现这种当事人双方都未在试用合同中明确规定，也没有补充协议加以说明的情形，这时以往的类似的合同处理法则就有一定的启示作用，即依据合同相关的条款例证或者是常见的交易习惯来确定。当然这只适用于采购方与供应商在此项交易前已存在长期的合作，彼此之间都有一定的信任基础上。然而这种方式明显存在一些难以避免的风险，因此，清楚地规定好试用期限尤为重要。

在利用相关条款或常见交易习惯都无法确定试用期限时，则依据《中华人民共和国民法典》（以下简称《民典法》）第六百三十七条的规定，由出卖人确定试用期限。对于这种确定方式，要求出卖人在订立试用期限时考虑周全，比如标的物试用或检验的合理期限不能太短，因为要给予采购方充足的时间检验或试验标的物，从而保护好采购方或买受人的合法利益。

（2）确认试用合同生效后的法律后果

对于出卖人和买受人来说，试用合同既保障了双方的合法利益，同时也规定了双方要严格履行的义务、承担的相应后果。依照试用采购合同法的相关规定，在买受人试用期限内，买受人要做出两种不同的回复，可以同意购买标的物，也可以直接拒绝，这是完全不受任何外力或人为因素左右或干扰的。需要注意的是，买受人必须及时准确地对其做出满意与否的回答。

（3）确定试用合同后标的物的风险

风险的界定在于买受人是否同意购买标的物，同意或不同意不会影响到标的物所有权的转移，但对标的物自身风险的转移方有一定影响。

根据《民法典》的规定，试用合同采用交付主义原则，但要想试用合同生效这就考虑到附加条件下的合同。虽然标的物的持有方是买受人，但其所有权还属于出卖人，因而标的物风险的承担者也是出卖人。

换到另一种情况下，若买受人拒绝购买标的物，则说明试用采购合同没有任何效力，所以，即便是买受人现在持有标的物，也不能说风险就在标的物持有方身上。

4.1.3 · 凭样品采购合同

凭样品采购合同主要针对买受人依据样品质量去确定标的物最终质量的情况。简言之，凭样品采购合同是指买受人先确定样品，然后出卖人根据买受人的样品进行生产、交付的一种买卖形式。

例如，有供应商A为甲企业提供了某一件零部件样品，甲企业根据样品，要求A保证交付的产品与其提供的样品质量相同，这就是凭样品采购合同。

签署凭样品采购合同时，关于样品的处理有以下3个问题需要注意，如图4-3所示。

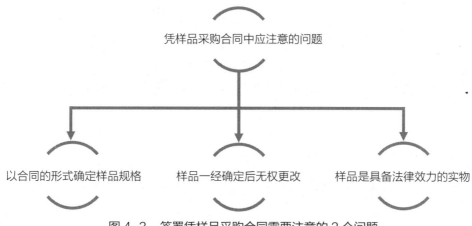

图 4-3　签署凭样品采购合同需要注意的 3 个问题

（1）以合同的形式确定样品规格

采购方提前与供应商沟通，确定样品的规格，如样品的型号、质量、数量、交货日期和售后服务等款项，都要在合同中仔细标明。既然是凭样品来采购，那提供样品的供应商有义务承担起保护样品不受损、不发生变化的责任，特别是在质量方面，一定要与双方约定好的样品质量保持一致，以免影响到采购方对于标的物的认知能力。

（2）样品一经确定后无权更改

样品一经确定后，当事人任何一方都没有更改的权利。同时，样品与买卖当中的标的物必须为同一种类，这一要求意味着样品买卖的对象必须是某一种类的物品的标的物，对于这一种类的划分标准指的是具有共同特征，如品种、数量、质量规格等形式，或者说用度、量、衡确定的物。由此可见，凭样品采购合同与其他合同成立的最大的区别是，其交付的标的物的质量与样品的质量必须相同。

（3）样品是具备法律效力的实物

凭样品采购当中"样品"，是受法律保护的，换言之，它是具备法律效力的实物。因此，一旦出卖人交付标的物时与样品质量有差别，此时出卖人依法承担瑕疵担保责任。至于这个责任划分又有哪些情况的表现呢？假如买受人凭借标的物质量与样品质量不一样而拒绝接受标的物时，出卖人需要及时拿出有关标的物与样品质量相符的证明，否则其将担负起延迟履行责任的违约处罚。

当然买受人在接受标的物后发现有问题，若想请求对方补偿其损失，必须得拿出标的物与样品质量不符的证据来，此申请才可能审理。这不仅是为了证明当前的纠纷，挽回己方权益和损失，同时给其他采购方提一个醒，样品必须保存好，以免日后与对方再次产生经济纠纷，有样品可以作为参考资料。

4.2
采购合同签订的6个步骤

4.2.1 · 拟订采购合同

拟订采购合同是指对合同进行草拟，将双方谈判中达成的协议以文字的形式，在法律允许的范围内进行规范和约定。

采购合同的拟订需要对甲乙双方协商的内容进行明确阐述。采购方（甲方）的内容包括：认购商品的具体名称、规格、质量、数量、供货时间和地点，以及当面告知、电话沟通、电子邮件沟通或其他书面形式约定的内容。

供应方（乙方）的内容主要包括：供货责任和违约责任。供货责任是指因产品质量、包装、产权标识或侵权等问题，给甲方及消费者带来经济、名誉或人身损害，乙方都应承担由此引发的一切经济责任和法律责任，包括产品的送检费和抽检费。违约责任是指订单中如果有与合同规定不符的，比如，产品质量以次充好、包装不严等，乙方除了要按原要求及时弥补外，还要承担违约责任，情节严重致使甲方名誉受损的，可冻结乙方所有未结货款，并终止合同。

下面将合同在拟订过程中可能涉及的主要条款进行详细阐述。

（1）合同所列产品基本情况

产品的基本情况包括产品名称、代码、规格及其价格明细，具体如表4-1所列。

表4-1　合同所列产品基本情况

序号	产品名称	产品代码	规格（单位）	材质	未含税单价（元）	含税的单价（元）
1						

序号	产品名称	产品代码	规格（单位）	材质	未含税单价（元）	含税的单价（元）
2						
3						

（2）订单与交付

订单与交付须在合同范围内进行，包括符合合同内所有产品的价格、类型、规格和材质的规定，甲方若想采购合同内规定产品，需要向乙方发送"采购订单"。

"采购订单"只有在甲方经过授权且签字盖章的前提下，才能在本合同范围内有效。

采购订单的内容，如表4-2所列。

表4-2　采购订单的内容

序号	具体内容
1	订单的编号
2	订购日期
3	合同产品编号、名称
4	数量
5	交货日期及地点
6	其他具体约定事项

乙方接到甲方的订单后，通常有两种情况，即乙方接受或拒绝接受，但无论哪种回复，都必须在满足本合同规定的情况下，由乙方做出及时回复确认。但是如果乙方拒绝该订单，应在接到该订单1个工作日内通知甲方并书面说明理由，否则，视为乙方全面接受该订单。

因销售、维修等方面的需要，导致合同规定产品出现紧急需求时，甲方可随时向乙方发出"紧急订单"，乙方接到甲方的订单后应积极响应该"紧急订单"，并在1个工作日内进行确认及回复。如乙方未在规定时间内进行答复，视为乙方全面接受该"紧急订单"。

乙方应严格按照"采购订单"及"紧急订单"中确定的合同产品、规格、供货数量、时间及地点来交付。主要分为以下两种情况。

①交付前，乙方应提前2个工作日向甲方提交"送货预约函"，确认到货信息。

②交付时，乙方应随货向甲方提交"产品检验报告"及"产品交接单"。

（3）采购返利

在合同期内，根据甲方的累积采购量，乙方有责任承诺给予其阶梯式返利。根据不同的计算依据，返利比例也不一样。一般来讲，返利有两种计算依据：一是累计采购金额；二是累计采购量，或者两者兼具。

若按照采购量计算，累计的采购量往往以甲方发出的订单数量为准，一旦价格到达返利阶梯，则重新按照新价格计算价格。

若按照采购累积金额计算时，其结果需要在采购量的基础上，乘以合同单价，达到返利阶梯时直接从付款中扣除。

两者兼备的情况，比较少见，如果出现该情况，则采购返利总金额为累计采购金额返利与累计采购量返利之和。

（4）支付与保证金

支付需要在甲方达到结算条件后进行，结算条件指的是甲方接受物料后验收合格，开具入库验收合格证明。结算方式往往有很多，如银行转账、银行承兑或按照商定的其他方式进行结算等。

关于支付条件需要注意几点：订单验收合格，首次付款在15天以后按照金额的50%计算，第二次付款于三个月内支付剩下的50%。增值税发票由乙方向甲方开具并经过甲方同意才能生效。

对于那些长期合作的供应商，需要由甲方交付一定的履约保证金，一旦交易货款算清，即最后一批物料的质量保证期满后，则这笔保证金会悉数退还给甲方。

（5）售后争议处理

交易难免会出现意外情况，比如乙方到货延误，耽误了甲方的最佳销售期，或者物料中出现残次品等，致使甲方有一定程度上的损失。这时甲方有权从付款中扣除一定的金额作为实际补偿。而扣除的金额到底怎么算，具体可参照《供应商管理条例》。

某些入库验收的物料，在被甲方重新加工再生产过程中，出现生产难以进行的问题，如果是乙方操作不当造成的，在接收到通知时，乙方应立刻派技术性人员到现场解决问题。对于甲方销售所需要的各项认证及出口单据和证件的准备，乙方都应该积极配合。

（6）署名部分

最后是拟订采购合同的署名部分，具体内容从合同的生效期开始，包括开始时间和结束时间。

需要注意的是预留合同为一式三份，乙方保留一份，甲方要保留两份，并由法定代表人或授权代表签字盖章。

4.2.2 提交审批采购合同

采购合同审批这一环节很重要。为了降低企业经营风险，保证购买到性价比更高的原材料，同时确保原材料能够按质按量交付，必须提高采购合同评审流程的规范性和准确性。

合同订立审核过程必须要经过一个流程，这不仅是为了规范企业的合同订立行为，也能借助有效的法律手段维护企业合法效益。此外，特别是企业一切对外合同都要提请企业外聘的法务顾问审核，并且出具"无异议"的法律意见后，才能报交给总经理签字盖章。

为确保合同流程审批的规范与有效，合同经办人须在合同后面附上合同评审表，经相关部门及人员审核确认后才能最终签订。

（1）不同类型合同的审核

法务部会对不同类型的合同进行审核，主要包括业务类合同、非业务类合同。具体如下。

①业务类合同。业务类合同，顾名思义是与企业业务相关的各类合同，包括借款合同、信息咨询服务合同、金融服务合同、合同抵押服务、个人出借服务合同与保理业务、私募基金业务等有关一系列合同或资料。业务类合同的提出者为法务总监或副总监，由业务需求部门通过企业邮箱向其提出，先由法务部人员初次审核，审核完毕后交给上级领导复审，然后把领导意见统一一下，回复给业务部门，其初次审核的时间期限为2～3个工作日。

②非业务类合同。非业务类合同适用的范围较为广泛，一般是企业为了开展

业务所需签署的各类合同，包括租赁合同、装修合同、采购合同与服务类合同等。其审核流程与业务类合同基本一致，不一样的是非业务类合同审核的时限为一个工作日，只有重大复杂的事务才需要三个工作日。

（2）合同审核过程及其注意事项

合同审核主要由企业外聘的法务部人员执行，此举提高了合同签订的有效性和规范性，提高了法务工作的有效性，最大程度上降低了业务中存在的诸多风险。

①关于合同内容出现异议时。出现异议时先由法务部审核合同，再交给业务需求部，若还有异议时，业务需求部可再次通过邮箱寄送给法务部，由法务部人员进行二次审核和通知，直到没有任何异议为止。当业务需求部不允许法务部修改合同的内容时，需要在邮箱中标明不能修改的原因，该合同才能符合签署的理由。

②修改合同无异议后。第二次修改合同，无任何异议后，业务需求部将纸质版的合同（经由业务经办人或部门领导签字）和签呈转交给法务部，由合同初审同事和法务部总监签完字后，负责方案管理的法务专员将合同信息记录下来，待盖章签字完成后，业务需求部经办人负责把这些资料扫描件发送到法务部邮箱，由专门负责方案的法务专员负责归档管理。

③关于非业务合同审核注意事项。

a.信息部分：注意合同当事人的基本信息，若是自然人应包括姓名、居民身份证号、联系方式和地址。对于某些特定的业务需求，还需要提供自然人一定资质的文件加以证明。

b.内容部分：注意标的、数量、质量、价格/报酬及支付方式、履约期限、地点和方式等。

c.关于违约责任划分：依旧坚持公平互利性原则，违约条款应公平、全面、具体，写明约定的违约金额及计算方法，一般为合同金额的20%。

d.解决争议的最佳方法：原则上先进行协商，协商不成继而提起诉讼，诉讼的对象最好由我方所在地或合同签约地人民法院管辖，同时仲裁和诉讼不能兼并使用。

4.2.3 ● 签署采购合同

采购合同签署是指合同双方签字、盖章的环节，这也预示着合同正式生效。合同的签署需要需求双方提供必要的手续和资料，坚持平等互利、按照质量论价的原则，在此原则的指导下起草合同。当然，起草的合同只有在双方企业盖章后才能生效，双方应该严格依据已签署的合同，行使各自的义务，履行应尽的责任。

（1）采购合同签订的重要意义

①对采购方的好处。采购方坚持合作是为了销售获利，签订了采购合同和协议后，才能使得原材料物料、外购件、外协件有了基本牢靠的供应来源。采购方获利的方式有两种：一是制造成品；二是组织销售，通过销售获得收益。

②对供应方的好处。供应方只有在签署采购合同和协议后，才能真正明确合作一方需要的产品质量要求和需要数量。这样一来供应商可依据这个基本编制组织安排生产计划，同时做好采购其他资料和进行其他方面生产的准备，有利于均衡生产、保证质量和数量，提高企业的生产效益、降低生产成本，从而获得更好的经济效益。

（2）采购合同签订中的质量协议

保证采购物料的质量是制订采购质量协议的根本目的，但在有些时候仅签订采购协议是不够的。因为采购合同其实是一份"供需关系"法律文件，当采购货品技术含量高、结构复杂、加工难度大时，单靠采购合同还不能满足需求方的质量要求时，还必须签订质量协议，进一步规定货品的技术规范、质量保证要求和验收方法等。

因此，必要时在签订采购协议时需要附加质量协议，质量协议是采购合同的附件。

①质量协议的内容。采购质量协议属于商务性的契约文件，因此内容条款包括5个方面，具体如表4-3所列。

表4-3　质量协议的内容

条款	备注
基本信息	包括姓名、法人代表，以及双方通信电话、地址和其他基本信息
价格	依照具体情况而定
交货期限、时间、地点	依据采购方和供应商共同签订的合同而定
质量要求和验收要求	包括不合格品的处理。当另有质量协议时，还应在合同中写明"质量协议"

续表

条款	备注
违约责任	参照公司规定

②质量协议签署的注意事项。

a.注明审核方式。在协议中，理应明确"采购方是定期还是不定期地对供应商进行有效审核"，在规定审核期内，供应商要及时地配合采购方，比如说提供资料、根据委托检验货品质量等等。

b.注明惩罚措施。协议中应注明因供应商连续供货质量不齐或拒绝接受，造成企业（采购方）严重损失时，采取什么样的惩罚性的措施，比如，限期整改、经济扣罚、减少订单数量以及机器撤销供货点等。

4.2.4 变更采购合同

合同变更是指当事人约定的合同内容发生变化和更改，即权利和义务变化的民事法律行为。合同的变更包括合同内容的变更与合同主体的变更。前者是指当事人不变，合同的权利和义务予以改变的现象。后者是指合同关系保持同一性，仅改换债权人或债务人的现象。无论是改换债权人，还是改换债务人，都发生了合同权利和义务的移转，移转给新的债权人或者债务人，因此合同主体的变更实际上是合同权利和义务的转让。

不过，合同变更与合同签订一样需要双方自愿，需要按照法律规定进行，任何一方私自更改或擅自变更合同，均无任何法律效力；按照相关法律、法规的规定，必须由国家批准成立的合同，其内容的重大变更还应由原批准机关批准。

合同变更的条件有4个，具体如图4-4所示。

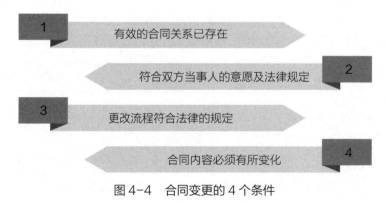

图4-4　合同变更的4个条件

（1）有效的合同关系已存在

合同变更是指在原合同的基础上，通过当事人双方的协商或者法律的规定改变原合同关系的内容。因此，无原合同关系就无变更的对象，合同的变更离不开原已存在合同关系这一前提条件。同时，原合同关系若非合法有效，如合同无效、合同被撤销或者被授权人拒绝承认效力未定的合同，合同便失去法律约束力，即不存在合同关系，也就谈不上合同变更。

（2）符合双方当事人的意愿及法律规定

合同变更须依当事人双方的约定或者依法律的规定，并通过法院的判决或仲裁机构的裁决。发生合同变更主要是当事人双方协商一致的结果。我国《民法典》第五百四十三条规定："当事人协商一致，可以变更合同。"在协商变更合同的情况下，变更合同的协议必须符合民事法律行为的有效要件，任何一方不得采取欺诈、胁迫的方式来欺骗或强制他方当事人变更合同。

如果变更合同的协议不能成立或不能生效，则当事人仍然应按原合同的内容履行。如果当事人对变更的内容约定不明确的，应视为未变更。此外，合同变更还可以依据法律直接规定而发生。例如，根据《民法典》第一百四十七条至第一百五十一条的规定，因重大误解订立的合同以及订立合同时显失公平的合同，当事人一方有权请求人民法院或者仲裁机构变更或者撤销。一方以欺诈、胁迫的手段，使对方在违背真实意思的情况下订立的合同，受损害方有权请求人民法院或者仲裁机构变更或者撤销。

（3）更改流程符合法律的规定

我国《民法典》第五百零二条规定："依照法律、行政法规的规定，合同应当办理批准等手续的，依照其规定。未办理批准等手续影响合同生效的，不影响合同中履行报批等义务条款以及相关条款的效力。应当办理申请批准等手续的当事人未履行义务的，对方可以请求其承担违反该义务的责任。""依照法律、行政法规的规定，合同的变更、转让、解除等情形应当办理批准等手续的，适用前款规定。"依此规定，如果当事人在法律、行政法规规定变更合同应当办理批准、登记手续的情况下，未遵循这些法定方式的，即便达成了变更合同的协议，也是无效的。由于法律、行政法规对合同变更的形式未做强制性规定，因此，当事人变更合同的形式可以协商决定，一般要与原合同的形式相一致。如原合同为书面形式，变更合同也应采取书面形式；如原合同为口头形式，变更合同既可以采取口头形式，也可以采取书面形式。

（4）合同内容必须有所变化

合同变更仅指合同的内容发生变化，不包括合同主体的变更，因而合同内容发生变化是合同变更不可或缺的条件。当然，合同变更必须是非实质性内容的变更，变更后的合同关系与原合同关系应当保持同一性。

若给当事人一方造成损失，无论是合同修改变更前还是之后，受损害的一方依旧可以要求对方赔偿。如果当事人对合同变更的约定不明确，则视作为未变更。

4.2.5 · 取消采购合同

合同的取消分为约定取消或非约定取消，有约定的取消依据双方约定执行，没约定的取消要遵从国家法律规定执行。其中约定取消的灵活性较强，只要具备不违反国家法律法规或者行政法规中效力性明确禁止的规范，同时能够保证不损害国家利益或者社会公共利益的相关规定，从双方解除约定的那刻起正式生效。

对于非约定取消的情况，违约只是其中一项条件，还要具体看合同的类型。举例来说，买卖合同中不存在违约时，因为不可抗力因素，如地震、海啸等因素致使标的物损毁，不能及时交付而解除合同的，这种情况也属于正当的采购合同取消。

（1）采购合同取消的方法

采购合同取消必须经双方协商一致，在法律允许范围内，采用正确的方法执行。取消的方法如图4-5所示。

合同清偿　合同解除　合同抵销　合同提存　合同债务免除

图4-5　合同取消的5种方法

①合同清偿。清偿的前提是，供求双方按照合同的规定已经各自完成了自己的义务。

②合同解除。合同解除适用于采购合同依旧有效或成立后的双方没有履行各自的任务，或者说未完成任务的情况。它是在一定条件下，采购双方的意见发生分歧，特别是一方当事人根据己方的意思、基于双方协议的内容，使得合同存在的义务和权利关系予以终止的行为。

③合同抵销。采购合同的抵销一般指的是部分债务抵销，随着债务的抵销，该部分的权利与义务也相应地抵销为零。这种方法的使用有两个前提：第一，要建立在采购双方当事人都有债务的情况下；第二，必须是双方用各自的债权在对等的数额内同对方抵销债务的行为，简言之，即用债权换取对等的债务抵销，进而权利和义务也随之抵销。

④合同提存。采购合同的提存，是指享受权利的一方因特殊原因而不能向履行义务的一方交付标的物时，履行义务的一方有权利将这份采购合同下的标的物提交给有关部门，让提存机关来保管该物，同时采购合同下双方的义务与权利关系也随着标的物提交给上级机关而终止的单方面法律行为。

⑤合同债务免除。采购合同中的债务免除，基于债权人与负债人之间的协商关系，它也属于单方面的法律行为，是指采购合同的债权人免除债务人债务的单方面法律行为，随着债权人将其负债人所有的债务免除掉，也就意味着采购合同关系彻底地终止。

（2）合同取消的注意事项

①合同取消的目的在于保护正当的权益。并不是对方要求解除合同关系就要那样做，而是要依据相关约定、法律法规，看其是否具备违约的条件，看是不是不采取解除措施就无法彻底地维护己方权益或者说会造成更大的损失。

②采购合同的取消一般是不适当履行导致的，但也要视具体情况而定。不适当履行是指债务人交付的标的物不符合合同规定的质量，也就是有一定的履行瑕疵。而履行瑕疵有程度上的区分，不严重的瑕疵可以要求通过直接降价或者修补的办法加以弥补，此时不应当宣布合同解除。对于瑕疵能弥补的情况，非违约方要适当地给予违约方弥补的机会，从而有效地避免合同取消或解除的情况发生。

③合同取消一般适用于单方面违约的前提。而双方违约的情形比较复杂，这

要看哪一方的违约是根本性的违约，是与法律法规严重不符合的违约。

④另外，合同取消与否还要看合同的目的是否达成，而合同的目的与合同所规定的义务是相互关联的。违反主要义务使得合同目的难以达成的，此时合同取消的条件满足，而单纯地违反了诚实信用原则中的随附原则时，一般不会导致合同目的的损失，所以不能解除此合同关系。

4.2.6 ● 终止采购合同

合同终止，是指当事人双方在合同关系建立以后，因为一定法律关系的出现，使得合同确立义务的双方关系消除。引起合同终止的原因有很多，具体有6个方面，如表4-4所列。

表4-4　引起合同终止的原因

序号	原因
1	由当事人双方全面履行而终止
2	因当事人另一方或双方死亡而终止
3	因市场客观原因发生变化而终止
4	因提存而终止
5	因法院裁决或仲裁而终止
6	由于抵销而终止，解除合同关系也属于合同终止的一部分

（1）合同终止的方法

①协商。经过当事人协商一致后，合同终止行为才能生效。

②只有具备一定的解除合同的法定条件，才能达成合同终止。下列情况下，不经过当事人的意见，即可解除合同关系。比如，当事人已经确定好解除合同关系；因不可抗之力不能实现合同内容或目的时；在履行期限届满的前提下，其中一方以明确不履行义务为原因；当事人其中一方拒绝履行义务或延迟履行义务，并且在催告前提下仍旧不能于合理期限内履行义务的；另一方有延迟履行义务或其他违法行为，使得合同内容不能实现的。以上是法律规定的终止合同的方法，不具备以上描述的，不能单方面地解除合同关系。

（2）合同终止的注意事项

①因为当事人一方行使终止合同的权利，必然使得履行义务的另一方权利和义务的终止。为了防止解除合同关系的一方不能及时地告知另一方，使得另一方继续履行义务而遭受损害，当事人一方必须依据约定解除权和法定解除权等主张解除合同，同时立刻通知对方。

②通知对方的形式可以是口头的，但达成解除关系时，需要提供一定的解除声明；当然也可以是书面的，书面通知到达时合同关系才能解除。由于通知形式的不同，合同终止的时间也有不同之处。口头通知的，当签订合同的另一方当事人得知时即为生效；书面通知的，通知当事人另一方或指定人签收即为生效。

③当事人另一方在收到通知后，对于认为不符合约定或法律规定的解除合同条件，有权拒绝，并及时地递交给当地人民法院或者仲裁机构确定能否解除合同关系。

④法律、行政法规规定解除合同关系的，必须办理相关手续，未办理手续的单方面解除合同关系，是不具备法律效力的，同时合同也不能被解除。

（3）合同取消或解除与合同终止的区别

①两者产生的效力不同。合同取消或解除即能向过去发生效力，使得合同关系能追溯到以往，而发生恢复原状的效力。当然其可以向未来产生效力，也就是说不追溯过去的效力，而合同的终止只是使得合同关系消灭等，与将来发生的效力无关，也不具备恢复原状的效力。

②两者适用条件不一样。合同解除通常用于违约情况下，一般是对违约的弥补性措施，是对违约方的惩罚或制裁，只用于违约场合。虽然合同终止也适用于违约场合，但主要适用于非违约的前提下，这种情况下终止合同的可能原因包括双方协商一致、抵销、混用等。不难发现，合同终止的范围要比合同解除的范围更广泛。

③两者适用范围也不一样。合同终止只适用于继续性合同，即债务不能一次性履行完毕而需要多次持续履行的情况，比如说租赁合同、大型建设合同、工程总揽合同以及提供劳务为标的物的合同类型。合同的解除取消则用于非继续性合同当中。

4.3
合同生效、修改或终止需满足的条件

4.3.1 确保合同有效性的条件

合同的生效是有条件的，为确保采购合同的有效性，双方在签署合同时应满足以下5个条件，如表4-5所列。

表4-5　确保合同有效性的5个条件

条件	内容
合同性质	签署合同的双方，必须是具备法人资格，即拥有一定的组织机构和独立可支配的财产，在独立从事商品流通活动或其他各种经济活动中，既享有权利又必须履行义务，而且每一步行动都必须按照法定程序进行的企业
合同属性	合同必须合法，才能保证有效。这里，有效性指的是合同要满足几个法定条件，包括书面形式的法规、法令和方针政策等，即合同的内容和手续要与合同法相关的具体条例和实施细则相符合
基本原则	合同必须在坚持平等互利、充分协商的原则下签署
签订对象	合同必须由当事人签署，若委托其他人帮忙，必须有委托证明才能生效
撰写形式	合同的撰写坚持书面形式

4.3.2 采购合同的签订原则

为保证采购合同签订的规范性和有效性，买卖双方通常需要遵循一定的原则，常用的原则有4个，具体如图4-6所示。

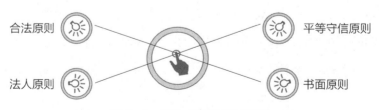

图4-6　采购合同的签订原则

（1）合法原则

合法是最基本的原则，采购合同的签订在法律上是有明确规定的。因此，供需双方所要签订的这份合同，首先，必须要在遵循国家的法律、法规和方针、政策的前提下进行。其次，其内容的设置和手续的办理，都要符合有关合同管理的具体条例和实施细则的所有规定。

（2）平等守信原则

从古到今、从中国到外国，无论是西方国家倡导的"契约"精神，还是中华民族几千年来坚持的"言必信，行必果"，都彰显出平等守信原则对于买卖双方的约束和对交易公平性的维护。因此，准备签约的双方必须坚持平等互利、充分协商的重要原则，绝不能强买强卖，逼迫对方与己方完成交易。

（3）书面原则

中国人对于法理讲究一个"白纸黑字"的证据，特别是在经济活动当中，更要遵循这一点，因此采购合同应采用书面形式完成。即使事先双方有口头上的承诺和要约，最终也必须要落实到书面形式，才能生效。

（4）法人原则

法人不是指具体某一个人，它指具备一定结构的经济组织，这个组织的表现形式为企业，拥有独立财产支配权、能够独立地从事商品物流活动及其他多种经济活动，享受国家法律给予的经营权，同时又愿意履行应尽的义务，其从事企业的建立必须是依照法定程序完成的。

同时要注意的是，签订采购合同的双方必须以当事人的名义进行，若有特殊原因或不可抗力因素导致未能当面签署的，必须要有委托证明才能委托他人签署。

4.3.3 · 采购合同的修改条件

采购合同一经签署便具备了法律效力，通常情况是不可以变更的。但在特定情况下，在不损害买卖双方利益及其他相关利益人的前提下，经过双方重新协商，可以予以适当修改。一般在以下3种情形下，可对合同进行更改，如图

4-7所示。

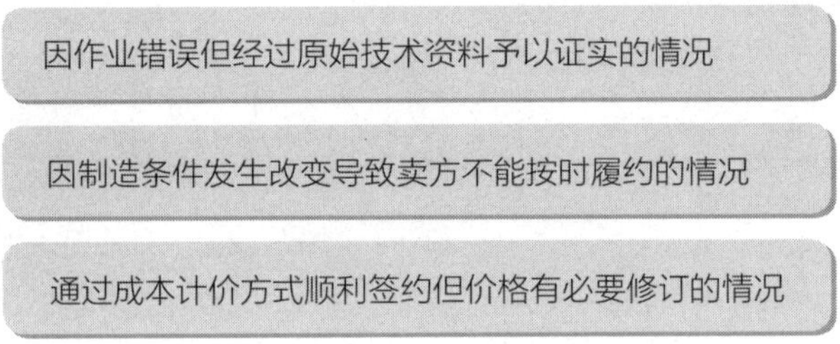

因作业错误但经过原始技术资料予以证实的情况

因制造条件发生改变导致卖方不能按时履约的情况

通过成本计价方式顺利签约但价格有必要修订的情况

图4-7　采购合同变更的3种情况

（1）因作业错误但经过原始技术资料予以证实的情况

在供应商生产过程中可能会出现一些因作业错误而导致的残次品或损伤，双方任何一方发现此类问题，在可以找到原始技术资料，对实际情况加以证明的前提下，即便合同已签署，也可以对相关条款进行修改。

（2）因制造条件发生改变导致卖方不能按时履约的情况

合同签订后通常会有一定时间或期限的督导，这个时候往往会发现双方存在的问题。在生产过程中因特殊原因，无法构成制造的必备条件，即对方不能按时履约。如果是物料供应紧缺，不得已终止合同或解约，重新下单订购又来不及应急，买卖双方可适度修改合同的内容，以保证卖方继续履约。

（3）通过成本计价方式顺利签约但价格有必要修订的情况

以成本计价的合同，容易受到成本变动的影响，从而使采购价发生相应的变化。其次成本价超过合同规定的限度时，买卖双方有权提出修订合同所规定的总成本。固定的售价以其价格不再改变为原则，以下两种情形时可协议修改。

①因为生产材料价格的暴跌，使得卖方获取暴利，可协议双方重新修订价格。

②同理，因为生产材料价格的暴涨，使得买方履约交货困难的情况下，无论解约或重购都对买卖双方不利时，可协议重新修订价格。

4.3.4 ● 采购合同的终止条件

考虑到双方利益，在采购合同中必须订立有关合同终止的条款，这是为了方便双方因特殊原因，导致合同无法继续执行部分或全部条款时的最终处理方案。

（1）采购合同终止的原因

在履行约定时间内，因天灾人祸或其他不可抗力因素，使得供应商丧失履行约定的能力时，买卖双方都要求终止合同条款。

合同终止的原因有3个，如图4-8所示。

原因一	发现对方报价不实，意图牟取暴利
原因二	合同条款或本身内容有违反法律之处
原因三	发现交易存在诸多缺点和疑点时，且经改善无效不能履约

图4-8　合同终止的原因

（2）合同终止要承担的赔偿责任

合同终止双方要承担的赔偿责任划分，具体如表4-6所列。

表4-6　合同终止赔偿责任的划分

责任	情景
买方全权负责	因买方变更要求以致合同终止，卖方要遭受损失时
卖方全权负责	卖方因人为原因提出终止合同，给买方造成损失的
	当信用证有效期与卖方装运并办理押汇的有效期发生冲突时，即信用证有效期已过，卖方没有在有效期内按照合同装运并办理押汇时
共同承担	特殊原因致使合同不能执行的，买卖双方都应承担责任，承担的程度和界线是多少等，如合同有规定就依照此规定执行，无法达成最终协议的可采取法律途径来解决
均不承担	采购合同中规定的交货日期，是以收到信用证为准并订立收到信用证多少日开始生效。所以在其未开发成功信用证前，这个合同是无效的，此时无论双方是否要终止合同，都可以直接通知对方，不用承担任何赔偿责任。因天灾人祸等不可抗力因素，双方都无赔偿责任

（3）关于采购合同终止的规定

①买方终止合同。若买方终止合同，需要立即通知卖方，并有责任在通知书上说明合同终止的范围及生效的日期。

买方需要在通知单上注明以下内容：

a.将卖方终止合同通知书所列范围与日期停止生产作为参考和裁决依据。

b.注意可能需要完成合同部分尚未终止的工作，如可能会再次进料、雇工等，除此之外任何情形都被排除在合约外。

c.因合同被终止，有关合同中部分工作的所有订单及分包合同，应立即终止。

d.对于卖方对他人的订单及分包合同终止所造成的损失，可按终止责任要求赔偿。

需要卖方注意的是，接受终止合同通知书后的60天内，是其唯一申请赔偿的时间。若卖方未能在规定时间内提出请求，此时买方有权依据具体情况给予对方补偿。

②卖方终止合同。如卖方终止合同，则由卖方履约承担相应的赔偿责任。如果终止合同的内容仅仅为合同的一部分时，该部分失去效力，其未经终止的部分继续由卖方履行。

4.4

签订采购合同时的常见问题

4.4.1 物品价格疯涨，供应商要求变更合同怎么办

采购合同签订后并非一成不变，由于市场行情变化或者某些特殊因素，买卖双方可能会出现矛盾摩擦。比如说遇到这种情形，当物品价格疯涨，供应商要求变更合同该怎么办？对于采购人员来讲，通常有两种处理方法，要么顺应供应商的要求提高价格，要么坚持己方出价，即按照原先合同给出的价格供货，这个时候就要涉及合同变更问题。

首先要明确合同变更成立的条件，一是当事人双方签订合同已经生效，二是当事人一方尚未履行或尚未完全履行的合同部分，另一方要求对其进行修改或补充所达成的协议。

根据《合同法》的规定，当事人协商合同变更，必须保证有效的合同变更，即确定合同变更的具体内容，对于内容或约定模糊不清的变更，视为没有任何变更。

那么因价格疯涨，造成合同变更发生，双方各自的立场和考虑会是什么？又或者会产生什么样的矛盾冲突呢？当然最好的结果是，双方经过一致协商，对于合同的内容没有任何的异议。站在供应商盈利的角度，变更合同内容的提议，属于维护己方获利的正当需求。但站在采购方的角度，虽然采购合同内容已经确定且生效了，但如今因为价格疯涨，会造成不可预料的意外成本费用，己方要多付给供应商物料费用，显然是不合理的。如果物料再次上涨供应商再次要求提高采购价格，变更采购合同，处于被动位置的采购方又该如何处理呢？

正所谓"解铃还须系铃人"，既然供应商因物料价格上涨而提高原有物价，要求变更合同，那就要注意对方提出的原因或条件是否满足合同变更的条件。此时，采购方不要急于答应，而是要先考察清楚再采取正确的应对措施。

首先，供应方以物料价格疯涨为理由要求变更合同，那就直接对物料价格进行调查和分析。通常有两种情况，一种情况是，原材料价格随着市场行情变化而突然间变动，导致供应商成本增加，所以说对方必须要加价；另一种情况是，原材料价格变动对供应商成本投入的影响微乎其微，其要求加价不过是借口盈利，此时供方要求合同变更的理由未免过于牵强。

其次，供应商要求合同变更必须拿出明确的证明或手续来。即供应方既然要重新加价，那就给出加价的真实理由，有必要时可要求其附加第三方鉴定机构的说明，这样做的目的是为了确定物料价格上涨与所采购物料有直接性关联。

不可否认的是，采购合同内容的规定或约定，是对这种特殊情形处理的最直接依据。举例来说，假如合同中规定，供应商给采购方的物料在一定时间内，因不可抗力因素或者市场因素，致使价格有所变动，此时需要提前7天通知采购方，以书面形式的价格变更通知单为准，并经采购方书面确认后方可生效；对于物品价格上涨前已发出的订货单则仍以原价格为准，供应商应按订货单的订货量准时发货。

由此可见，市场行情的变动往往会导致原材料的价格上涨，当供应商要求加价时，对于采购方来说，唯一的办法就是要求供应商合理变更合同内容，尽量维护自身利益。

4.4.2 ○ 供应商逾期交付怎么办

在采购谈判当中，供应商出现逾期交付的情况较为常见。供应商给出的理由很多，比如说原材料运送过程中出现意外、物料在加工生产时出现问题、紧急状况需要一定时间处理等等。

面对这种逾期交付的情形，采购方作为买家处于被动状态，此时仍要视实际情况采取应对措施。如果这批物料不是十分紧急，那么供应方推迟一段时间交付对采购方来说是可以接受的。同样的道理，如果是货到付款的支付形式，供应方推迟物料到达时间，那么采购方支付货款的时间也相应地往后延迟。

如果是另外一种情况，即供应商因逾期交付物料而导致采购方（买方）合同目的不能及时地实现，此时采购方可以直接要求供方按照合同规定承担违约责任，同时解除合同关系。从交易的多方利益关系来看，供应商属于卖方，采购方属于买方，而客户或消费者属于第三方，如果逾期交付导致采购方处于利益受损状况，理应由供应商出面解决、承担赔偿责任，同时向客户或消费者说明逾期交付的原因，对于这种情况给客户带来不必要的麻烦表示深深的歉意。

当然，采购方遇到这种供方逾期交付的特殊情况，也要提前做好应对准备。采购方为了维护其合法权益，可以从以下3个方面入手积极应对。

（1）加强与供应商的沟通与交流

加强与供应商的沟通与交流，一定要保证信息接收的准确性。首先要求供应商给出确切的交付时间，如果同意暂时暂缓支付，也要坚持提出供方应承担的违约责任。对于首次合作或只合作一次的供应商，采购方要考虑是否在本次交易后结束未来与其合作的任何可能性。

（2）说明逾期交付的原因

一旦遇到供应商逾期交付的情况，采购方要向客户或消费者及时地传达，通过电话、寄送邮件或者面对面进行沟通都可以，一定要表示出对于这份来之不易的合作关系的珍惜，希望没有对合作关系造成影响，今后保证不再发生类似的情况。

（3）处理问题的态度要积极

遇到任何问题，采购方都要积极应对，不要逃避，坚持沟通，与供应商协商解决，尽可能找出妥善的补救方法，表现出对客户的诚意。同时，始终坚持质量第一的原则。

当然，供应商逾期交付还直接影响到包括采购方原本的生产计划。基于合同签订的原则和目的，采购方要积极维护己方的合法权益，依照合同规定的各项条款，对供应商采取相应的措施。对于采购方企业而言，要制订提前预警系统予以防范，在出现问题之前，就要想到交易可能会出现的风险和变化。

总之，采购方要坚持从生产链管理、物料质量审查、签订合同的及时跟进、确定供方确切的交货日期等方面做好沟通与反馈。比如说从日常供应链管理入手，加强与供方的合作，在签订合同前，对合作的供应商进行严格审查，要保证其符合己方产品的采购标准；在合同签署完成后，采购、跟单、质检、物流等，都要及时地与其对接，做好对物料质量的把控和交货期的确定。其中交货期的协商，采购方最好从一开始就在合同中预留出足够的时间，避免再出现逾期交付这种棘手的情况。

4.4.3 · 过了验收期发现质量问题怎么办

一般来讲，供应商负责把物料转移到采购方指定的地点，且经过采购方检验、无任何质量问题后，这笔交易才算达成。然而在物料使用过程中，采购方意外发现这批物料存在质量问题，对于这种情况，采购方又该怎么处理呢？

举例来说，某装修企业向某供应商进货28箱有机涂料，这批涂料入库前是经过供需双方成功交接的，即采购方人员对供方物料进行了审核，然而在为客户装修房屋时，采购方却发现涂料出现了问题。于是，采购方积极要求供方换货，而供应商却因为过了验收期，拒绝换货。同时这笔交易也使客户一方遭受了损失，因为涂料不合格耽误了接下来的施工进程，客户极力要求投诉这家装修企业。

那么根据《民法典》又是怎么规定这种情况的呢?《民法典》第六百二十条规定："买受人收到标的物时应当在约定的检验期限内检验。没有约定检验期限的，应当及时检验。"这样一来，在检验期内检验物料，既是采购方的权利，同样也是义务。若对于检验期双方都有约定，采购方应当在这个时间段检验，没有约定检验期的，应该立即检验，因为买受人没有及时检验造成的后续问题，很容易对采购一方造成不利的法律后果。

根据《民法典》第六百二十一条中的规定，上述情况又分为以下三种情形。

（1）当事人约定检验期限的，买受人应当在检验期间内将标的物的数量或者质量不符合约定的情形通知出卖人。买受人怠于通知的，视为标的物的数量或者质量符合约定。

（2）当事人没有约定检验期限的，买受人应当在发现或者应当发现标的物的数量或者质量不符合约定的合理期限内通知出卖人。买受人在合理期限内未通知或者自收到标的物之日起二年内未通知出卖人的，视为标的物的数量或者质量符合约定；但是，对标的物有质量保证期的，适用质量保证期，不适用该二年的规定。

（3）出卖人知道或者应当知道提供的标的物不符合约定的，买受人不受前两款规定的通知时间的限制。

接着说上面那个例子，装修材料企业在涂料的验收期内未发现任何问题，而且，对于装修企业也没有任何有效证据来证明装修问题的确是因为涂料问题引起的，所以，供应商有权拒绝换货。

那么采购方遇到这种问题，又该如何维护己方的利益呢？首先作为采购方一定要注意物料的验收期环节，不仅要在时间上有明确规定，而且在合同中要对标的物的质量保证期限也要有明确规定，避免出现因标的物自身存在着较为隐蔽的质量问题，使得在验收期内未能发现的情况。

而且，以上各种情形的陈述，并不是说采购方已经签字，买卖合同中规定的另一方出卖人就不必再承担任何瑕疵担保义务。只要提出的任何异议控制在合理期限内，出卖人仍然要承担应承担的相应合同义务。

4.4.4 合同签字盖章后，就一定生效吗

签字盖章是一份合同签订的最终环节，也是最为重要的环节。因为签字盖章意味着当事人双方对于合同内容无异议，并愿意按照合同规定去履行各自的义务或权利，换言之，盖章签字即该合同由此时开始具备法律效力。

但是在盖章签字这一步往往出现当事人更换交替的情况，这与合同生效又有着怎样的联系呢？先来思考一个问题，合同签字盖章后，就一定生效吗？答案是不一定，为什么呢？这要从该合同的性质和当事人一方的目的考虑，若签订的合同明显存在着欺诈行为，而在采购方未能得知的情形下，哄骗对方签字盖章，这种合同的有效性值得进一步商榷。除此之外，还有一些合同比较特殊，它需要按手印才能完成，所以说仅仅是签字盖章，没有按手印，是不能确认为该合同有法律效力的。

以上简单地分析了签字盖章与合同生效之间的一些关联。下面是合同签字盖章方面需要注意的一些细节问题。

（1）签字与盖章有何法律关系

根据《合同法》的规定，在实际合同约定中，签字或盖章同样具备法律效力。需要注意的是，盖章人要与订立合同的主体是一人，倘若当事人签字一栏，与最后盖章的人不一致时，往往会给合同的履行带来不必要的麻烦。

（2）盖什么样的章才算有效

只有盖公章或合同专用章，合同才有效。对于一般正规企业而言，都有几个必须用的章：一是行政章，也就是公章，二是财务章，三是合同专用章；甚至有些企业还设置了部门专用章和业务专用章，这是因为不同的章代表了不同的内容和含义，使用条件也不一样。

（3）在哪里盖章才能产生法律效力

一般要求在合同落款处盖章才算有效。除此之外，有的还加盖骑缝章或骑缝签名。谨慎起见，有必要在合同的每一页签字盖章。

（4）签字盖章的企业有什么要求

一般大型集团旗下都设有多家子企业和分企业，如果采购方是母企业的子企业，则不需要母企业同意授权，即可自行签字盖章；但是分企业以自己名义订立的合同，必须要经过母企业的同意授权后，才算合同签字盖章有效。企业内部的部门或机构，是无权签字盖章的。

（5）在签字过程中可能会出现的纠纷

签字对于合同有效性来说是十分必要的步骤，有些不法之徒可能会通过模仿当事人签字来完成合同签订。如出现甲方认为自己并没有在合同上签字，而乙方却拿着显示有甲方代表人员签字的合同的情况，这个时候需要对签字进行鉴定以确定真相。虽然签字很容易被模仿，但在当今先进的科技条件下许多专业机构都具备鉴定签字真实性的能力。

当然也会有极个别无法鉴定的情况。那么这种情况就无法解决吗？显然答应是否定的。在合同上签字时最好用蓝黑色的签字笔，这样很容易分辨是否为原件。如果使用一般的碳素笔，恐怕原件与复印件是很难区别开来的，这样就很容易带来一系列麻烦。

值得注意的是，签字盖章和查看合同内容的工作要坚持有序进行。在签字盖章前，采购方代表人员务必要对合同的内容进行最后的审查、确认，在保证没有任何异议的情况下，再进行最后一步的签字盖章。千万要避免先签字盖章，再查看合同内容的情况。采购方对于专用印章或公章要进行妥善地保管，建立有效的管理制度，以防止私盖或盗盖印章的情况发生。

4.4.5 合同没有签字盖章，就一定无效吗

签字盖章对合同的有效性起着决定性作用，那么合同没有签字盖章，是不是就一定是无效的呢？答案是否定的。《合同法》第三十七条对这种情形做了明确规定：采用合同书形式订立合同，在签字或者盖章之前，当事人一方已经履行主要义务，对方接受的，该合同成立。

此举给予因形式要件欠缺而失效的合同以合法性，维护了当事人的权益，同时促进了市场商品经济的正常运转。

回到正题，那些没有签字盖章的合同，是否具备效力，可以根据以下6种详细的情形加以确定。

（1）基于当事人双方中的一方在合同书上签字盖章，此时另一方若已经履行了合同的主要义务且被签字盖章的一方认可，这种情况下无论是否签字，合同都将成立。

（2）与第一种前提条件一样，都是当事人一方在合同书上先签字盖章，同时

另一方也履行了合同规定的主要义务但并没有签字盖章，此时如果另一方的行为并不被对方接受，则认定为该合同不成立。

（3）当事人一方在合同上签字或者盖章，但是双方没有一方依照合同履行应尽的义务，则该合同是不成立的。

（4）当事人双方都没有在合同上签字或盖章，但是当事人一方已经履行了合同规定的大部分义务，且被另一方接受，则无论接受方是否履行合同规定的义务，该合同已经成立。

（5）与第（4）种情形的前提相同，即当事人双方都没有在合同上签字或盖章，如果当事人一方已经履行了大部分的义务但不被对方接受的，则视作合同不成立。

（6）当事人双方都没有在合同上签字或盖章，且双方当事人都没有按照合同规定履行主要义务，该合同不成立。

由此看来，无论哪种情况，合同签字盖章与合同本身成立并产生法律效力的确是存在一定关联的。值得肯定的是签字盖章对合同以及双方当事人的意义不言而喻，这是因为没有签字或盖章，也就无法直接确认当事人双方是否对于该笔交易做到协商一致，自然也就无法证明该合同是否成立、有效。

但签字或盖章毕竟只是合同有效性的书面依据，只有双方当事人有意愿且各自都履行主要义务，才是合同有效性的本质依据。

因此，站在采购方的角度考虑，在合同尚未签字或盖章前，需要做的是对合同的内容及各项条款仔细地审查，一定要保证合同信息的真实性、有效性和可执行性。假如供应商以己方未签字或盖章为由，拒绝履行合同主要义务，我们可以根据未签字或盖章但具备法律效力的合同，向供应商提出履行主要义务的要求。

在签字或盖章项目上，采购方一定要及时与供应商多加沟通，以此避免出现不必要的矛盾纠纷。

4.4.6 · 已离职人员签的合同还有效吗

假如出现合同签订完毕后，当事人一方代表因特殊原因离职，这时对方负责履行的项目却又出现问题的情况，那份由离职人员签订的合同还算有效合同吗？一般情况下，如果已经离职人员是代表企业签字或盖章，那么即使对方已经出现离职的情况，也视签订合同是有效的，订立合同的双方当事人都要按照合同的要求，继续履行主要义务。但要注意，如果合同文件中出现"离职失效"这种标识时，则要另当别论了。

下面我们通过一个案例来分析在这种特殊情况下，采购人员应当如何有效处理。

甘肃某乐器工作室向某音乐设备企业进购了一批音乐器材，音乐设备企业委派全权代表人小甄与该工作室签订了合同。因此，在合同上代表供应方签字的是小甄，而合同上盖的是该音乐设备企业的合同专用章。

然而，在一个半月之后，音乐设备企业突然告知该乐器工作室，因为合同当事人小甄已经离职，此时不再是该企业的员工，所以她签订的合同现在已经失效了。与此同时，该乐器工作室已经一次性向合作企业支付了两笔费用。按照合同的有效约定，工作室作为采购方，在供应方交付第一批器材时，需要一次性付款，之后按照合同约定的时间再分批交付剩余物料的货款。换言之，该工作室已经提前交了部分货款，但现在音乐设备企业却以当初签署合同的代表人小甄离职为由，不想继续履行该合同义务。

无奈之下该乐器工作室赶紧联系到了已经离职的小甄，小甄称自己因为家庭原因迫不得已才离职，但当时签订合同确实没有欺诈之意，并没有想过以一己私利欺骗企业。同时，小甄表示会与前企业领导及时沟通，希望音乐设备企业继续履行合同条款和应尽义务。

同时，该音乐工作室采购人员与音乐设备企业代表联系，希望对方继续履行合同或赔偿损失，因为与小甄当时签订的合同应为有效合同。而且，在签订合同时，小甄已经得到企业的全权代理，使工作室有理由相信，小甄的行为可以代表当时其所在的企业，且主观上是善意的，所以签订的合同没有违背法律法规。

总结来看，在这个案例中，小甄与音乐设备企业之间的代理行为，在法律上被称为表见（全权）代理行为。什么叫表见代理呢？它是指行为人虽然无代理权，但因被代理人的行为造成了足以使善意相对人客观上有充分理由相信，行为人具有代理权（全权代理）的表面特征。材料中小甄作为表见代理，在谈判中表达诚恳，获得了工作室的信任，此时小甄就有责任将谈判结果传达给所在公司的管理人员，而该公司在确认合同无误后，有义务履行合同相关规定。

根据我国《民法典》第一百七十二条内容的规定："行为人没有代理权、超越代理权或者代理权终止后，仍然实施代理行为，相对人有理由相信行为人有代理权的，该代理行为有效。"

由此可见，即使签订合同的人离职，但由于符合了代理人特征，签订的合同是有效的。

4.4.7 · 没有签字权利者签的合同有效吗

要弄清楚没有签字权利者签的合同是否有效这个问题，首先要对拥有签字权利者及其有效性进行严格的界定。那么，到底什么样的人才有权限在合同上签字呢？准确的回答是下面两类人。

第一类人，是可以代表企业签字或者拥有企业授权的人，比如说企业的法定代表人，其他组织部门的负责人。对于经企业授权签字的人，都有一定的原件证明，如有经企业盖章授权并委托其签字的原件，当然这份授权委托书的内容一定要有详细的要求，包括被授权人的信息、被授权的范围和时间、对象等，并且授权委托书最后须有授权人或授权单位的盖章，当然法定代表人的签字及授权日期也是具备效力的。因此，那些没有经过企业授权的人员签订的合同对企业不具备约束力。

第二类人，是经当事人委托的第三方代理人或者本人。其中，代理人必须持有本人亲笔签名的授权委托书原件，而且原件的内容要求明确、具体。

除了要明确哪些人具备签约有效的条件，无论是企业代理人抑或被授权人，还要保证签订合同的当事人具备签约能力。这在《合同法》中也有明确规定："当事人订立合同，应当具有相应的民事权利能力和民事行为能力。"所以说，在签订合同时，必须让拥有签字权限且具备签约能力的人签字，才算合同签订真正符合规定。

当然，具体问题还要具体分析，当没有签字权限的人签订了合同时，这份合同也不一定就被认定缺乏有效性，一切还要根据双方履行合同的实际情况来确定。假如供应商仅仅在合同上盖了专用章，同时也没有让获得真正签字权限的人来签字，而此时采购方已经签字盖章完毕，而且已经收到来自供应商发送的物料，这种情况下是合同可以被视作有效的，因为对方已经履行了合同规定的主要义务。

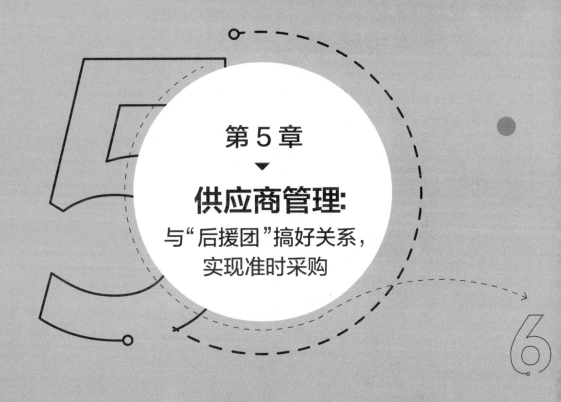

第5章
▼
供应商管理：
与"后援团"搞好关系，实现准时采购

供应商管理是指对供应商的了解、选择、开发、使用和控制等综合性管理工作的总称。管理的目标是以最低的成本获得最好的产品或服务，发展和维持良好的供应商关系，并不断地开发潜在的供应商。

5.1
寻找供应商的渠道

5.1.1 利用百度引擎搜索

百度引擎早已是家喻户晓的搜索软件，它信息量非常大，而且使用简便，给大家的生活带来了便利，省去了很多不相关的搜索结果。因此，对于采购方来说，目标供应商一定被收录其中，关键在于如何搜索、如何有效地搜索到有用的信息。这里有个非常实用的技巧，即借用符号"＋""－""＊""（ ）"等进行搜索。

接下来将具体介绍如何使用这些特殊符号。

（1）"＋"的使用

用"＋"时要注意把两个或两个以上的关键词组合在一起使用才有效，此时百度引擎会识别出同时满足这些关键词的搜索结果。例如，在搜索框里输入"玩偶＋采购"，此时那些采购或玩偶单独一项内容的信息将不显示。

（2）"－"的使用

同样的道理，如果"＋"是在两个条件都满足的前提下才成立，那"－"就属于满足其中任意一个条件即可成立，同时仅有其中一个条件自然就不会出现相关信息提示。例如，在搜索框里输入"玩偶－采购"，那搜索"玩偶"的内容里，会自动地把"采购"相关的内容排除掉。

（3）"＊"的使用

在百度搜索中"＊"的意思等同于代替或延伸，具体指与主题相关的词语及其对应的内容，这些搜索内容往往是一时不能确定的关键词。比如，在搜索框里输入"采购＊"，其搜索结果会出现很多词，如包含采购商、采购人员、采购者等内容。

（4）"（ ）"的使用

使用该符号需要满足两个以上的条件，其把几个关键词组合在一起，也可以与 "+""-""*" 等符号搭配，构成新的搜索条件。例如，在搜索框中输入"（玩偶-采购）+（生日礼物）"时，则搜索结果中将包含"玩偶"和"生日礼物"，但不包含"采购"的相关结果。

5.1.2 利用阿里巴巴的"企业采集"

阿里巴巴开设的"企业采集"是寻找供应商的主要渠道之一。"企业采集"是阿里巴巴专门为中小型企业打造的一体化、"一站式"、高质量的采购商城，拥有数以百万计的国内外知名原产地和品牌供应商。这里有可靠的服务品质和保障，因为在这里注册登记的供货商必须要经过平台的重重筛选，在这里还能享受到正品保障、交货期保障、发票保障和企业采购方专享最低价等高品质的服务。

采购人员可从"企业采集"采购三大物料，具体包括：工程物料、生产物料和服装物料。此外，针对中小型企业，阿里巴巴"企业采集"还提供了一些特惠服务，详细内容及分类如表5-1所列。

表5-1　阿里巴巴"企业采集"提供的特惠服务

特惠服务项目	特惠服务内容
增大企业的优惠价	有些大企业为了增加融资的需要，会在阿里巴巴上设置专有或专享的优惠价，往往指500强供应商给予中小型企业的"福利"
借助品牌采集	知名品牌通常是采购方采购的首选，但供应商报出的价格却很高，这给大多数正处于发展初期或中期的企业带来了困难。阿里巴巴开设品牌采集目的，即为这些企业提供专享价格或专享服务
参加"特供会"	"特供会"在采购渠道中较为安全可靠，因为其供货方为物料原产地或一级销售商，采购方可享有最优惠的价格和高品质的物料，同时为其省去了不少多余的成本费用
巧用集现货	"集现货"的形式，类似于"一手交钱一手交货"，即采购方可直接与供货方交易，随时提货，随时装运，简化了交易程序，节约了不少时间。而且，采购量越大，返现的金额就越多

续表

特惠服务项目	特惠服务内容
紧抓"一元购"	"一元购"活动有明确的开奖时间，即每天上午10点，一些主打知名品牌的供货方以一元的价格在网上开卖。但中小型企业享受好货的时机得把握得当，所谓"数量有限、先到先得"

入驻阿里巴巴的供货商企业中，参加"企业采集"的企业特别多，因为每个供货商的发展实力、信用各不相同。此时就是考验采购人员迅速判断和选择供应商能力的时候。鉴别优质供货商的方法如表5-2所列。

表5-2　采购方鉴别优质供货商的方法

方法	具体内容
看是否具有"官方旗舰店"或"品牌代理商"的标识	根据阿里巴巴平台操作的规范要求，供货商必须要向管理者表明和提供商品的正规来源，这一点是很重要的，因此具备"官方旗舰店"或"品牌代理商"这样名号的企业，都是经过阿里巴巴企业的层层认证确定的，至少在品质上有所保障，同时是值得采购方信赖的供货商
看是否有"金牌供应商""买家保障服务"和"企业实地认证"等重要标识	除了确认目标供货方是否为"官方旗舰店"或"品牌代理商"之外，在详情页的左侧是否有"品牌供应商""买家保障服务"和"企业实地认证"标识同样值得关注。拥有这些标识的供应商更具实力和信誉，将成为采购方的首选
查找供应商企业的"企业档案"，确认信息的真实性	进入供应商的旺铺中，然后点击"企业档案"图标，紧接着会出现很多关于供应商的企业信息，包括所有交易信用记录、企业自传资质、工商注册、信用报告、实拍图片等信息，这些信息的真实性和全面性，影响到采购方对于目标供应商的信誉评价

总的来说，无论采购人员选择用哪种方法寻找目标供应商，都要经过仔细辨别，在确定供应商靠谱的情况下，再与之进行谈判合作。

5.1.3　从批发市场中寻求货源

从普通批发市场找货源，属于通过实体市场渠道来寻找供应商。比如，从全国各大知名度高的批发市场直接拿货，量大价优，对于采购需求量很大的商家来说，是一个较为不错的渠道。但是，如何从众多可供选择的供货商中，选择一个适合自己的合作商，成了所有采购人员急需解决的问题。

大学毕业后，陈某选择在深圳自主创业，她的目标是经营一家物美价廉的服装网店。在开店之前，她先对经营范围进行了一番准确的定位，最后将目标定在单价100元左右的一类服装上，与其他同类服装相比，居于中低端价位。

在选货过程中，陈某可是下了一番功夫。她首先瞄准了广州的几大批发市场，如沙河、十三行、白马、站西等服装批发市场；其次，通过分析它们的地理位置、主流服装定位、款式、价格等信息，再将其与自己网店的服装定位等进行详细的对比。

在和服装店老板的不断沟通交流中，她最终选择了3家店铺作为自己网店的供货商。让陈某心动的主要是广东便宜的供货市场，服装拿货价普遍比其他省份低，而且货源充足，不用担心供货不足，当然还可以"货比三家"来选择最为心仪的供货商。

选择从普通批发市场寻找货源，最大的优点是有充足的货源储备，这是因为批发市场中聚集了大量同类产品的竞争者，多家企业聚集在一起，方便类似于陈某这样的采购方实地考察、检查货源，以保证货源的最终质量。

不过，这种方式存在一定的局限性，往往适用于初期发展的个体零售商。对于企业来说，采购人员要根据己方企业发展的情况、业务需求以及行业特点等多种情况，进行全方位、多方面的具体考核，不单单是选货源，还包括建立合作生产关系、确定采购的方式等。

5.2
选择供应商的5个步骤

5.2.1 了解供应商行业特点

熟悉供应商行业特质是选择优质供应商的基本前提。采购人员只有明白该行业的特点，才能更好地把握己方需求寻找适合条件的合作方。比如，要了解某一种类产品的标准、规范要求，与其他行业之间存在的某些链条关系或者说生产—再生产关系等。

同时熟悉供应商相应的行业特点，有助于全面地了解供应商的能力和品质，而且有效地达到适质、适价、适时、适地的采购要求。

5.2.2 了解供应商的类型

"结构影响布局，布局合理与否影响着该行业的发展前景"，这一点对于供应商行业来说同样适用。供应商行业最大的特点在于其多层分布、层层管理的链条形式，根据个人或组织结构拥有财富的多寡，分为大额型供应商和小额型供应商。

依据采购产品的重要性，又可以分为"伙伴型供应商""优先型供应商""重点型供应商"和"商业型供应商"。

依据企业与供应商之间的合作关系划分为短期供应商和长期供应商。

不同期限的供应商选择标准不同。

（1）供应商选择的短期标准

短期标准包括商品质量合适、成本低、交货及时、整体服务水平好（安装服务、培训服务、维修服务、升级服务、技术支持服务）、履行合同的承诺和能力等。

（2）供应商选择的长期标准

长期标准包括供应商质量管理体系是否健全、供应商内部机器设备是否先进以及保养情况如何、供应商的财务状况是否稳定、供应商内部组织与管理是否良好、供应商员工的状况是否稳定等。在确定选择供应商的标准时，一定要考虑短期标准和长期标准，把两者结合起来，才能使所选择的标准更全面，进而利用标准对供应商进行评价，最终寻找到理想的供应商。

采购人员在明确供应商特质后，需要进一步了解供应商行业的结构布局，从采购产品、采购行业源头入手，确立合适的供应商，制订正确有效的采购措施，巧妙地处理需求双方的关系。

5.2.3 收集供应商基本信息

收集供应商基本信息，一般来讲路径和渠道有以下几种。

（1）选择采购方相关资料

采购方指南、贸易目录和记录数据列出了制造商和服务提供者、地址、产品或服务种类、部门、财政情况及其他与采购决定过程相关的信息的参考资料，同时对商品名称、规格等细节信息做出指示。

（2）企业目录和电话目录

在一些当地出版的采购书籍中往往会列举有关信息，当然电话目录的黄页也是获取供应商有效来源之一。

（3）展览和展会

一些由贸易协会引导的地区性或国家性展览会，往往是采购人员参观新产品和改造旧产品的绝好机会。

（4）采购人员自身的关系网和人脉关系

经验丰富的采购人员，往往促成多次谈判合作成功，在合作过的供应商心目中留下良好印象，同时在采购行业中拥有一定的信誉和声望。长此以往，采购人员结识的供应商越来越多，人脉关系网得以搭建，在选择供应商时会提供更多有效信息。

（5）政府来源和国际来源

为了规范企业采购秩序、促进经济交易的正常运行，相关政府机构会公开一些供应商信息，如主持投标会，引导国外供应商参与国内市场等。

5.2.4 了解供应商供货能力

对供应商供货能力进行分析、评估是整个采购工作的核心。因为供应商的选择标准不同，依据不同的伙伴关系、战略地位，来决定是短期合作，还是长期合作。

针对短期合作供应商，需要以质量、成本、交付和服务作为其考核原则，如图5-1所示。

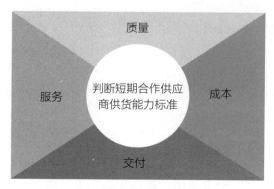

图 5-1　对短期供应商的考核原则

首先，在这四者中，质量因素是最重要的，要先确认供应商是否建立有一套稳定有效的质量保证体系，然后确认供应商是否具有生产所需特定产品的设备和工艺能力。其次，是成本与价格，要运用价值工程的方法对所涉及的产品进行成本分析，并通过双赢的价格谈判实现成本节约。再次，在交付方面，要确定供应商是否拥有足够的生产能力，人力资源是否充足，有没有扩大产能的潜力。最后，也是非常重要的是供应商的售前、售后服务的记录。

对于长期合作的供应商，要关注整个交易过程中的利益最大化，包括削减交易总成本和经营总成本，坚持以顾客价值为指导，提高效益。可供选择的方法有很多，根据实际情况不同，选择的供应商也有所不同。常用的方法如图5-2所示。

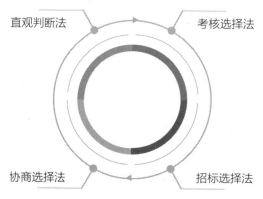

图 5-2　选择供应商的常用方法

（1）直观判断法

直观判断法是指通过调查、征询意见、综合分析和判断来选择供应商的一种方法，是一种主观性较强的判断方法，主要是倾听和采纳有经验的采购人员的意见，或者直接由采购人员凭经验做出判断。这种方法的质量取决于对供应商资料掌握得是否正确、齐全和决策者的分析判断能力与经验。

基本依据就是其产品的品种规格、质量价格水平、生产能力、运输条件等。从这些条件合适的供应商中所选择出的几个，就是供应商调查的初步对象。这种方法运作简单、快速，但是缺乏科学性，受掌握信息的详尽程度的限制，常用于选择企业非主要原材料的供应商。

（2）考核选择法

供应商的调查可以分为初步供应商调查和深入供应商调查。初步供应商调查对象的选择非常简单，依靠直观判断法就够了。而深入供应商调查对象的选择，是基于影响企业的关键产品、重要产品的供应商。对这些供应商要进行深入的研究、考察、考核，主要看供应商的实力、产品生产能力、技术水平、质量保障体系和管理水平等。

在对各个评价指标进行考核评估之后，还要进行综合评估。综合评估就是把以上各个指标进行加权平均计算得到一个综合成绩，可以用下列公式计算：

$$S = \sum W_i P_i / \sum W_i \times 100\%$$

其中，S 是综合指标；P_i 是第 i 个指标；W_i 是第 i 个指标的权数，根据各个指标的相对重要性而主观设定。S 作为供应商表现的综合描述，数值越高说明供应商表现就越好。

通过试运行阶段，得出各个供应商的综合成绩后，基本上就可以确定最后选择的供应商了。

（3）招标选择法

当采购物料数量大、供应市场竞争激烈时，可以采用招标方法来选择供应商。采购方作为招标方，事先提出采购的条件和要求，邀请众多供应商企业参加投标，然后由采购方按照规定的程序和标准一次性地从中择优选择交易对象，并提出最有利条件的投标方签订协议等过程。注意整个过程要求公开、公正和择优。

（4）协商选择法

在可选择的供应商较多、采购单位难以抉择时，也可以采用协商选择方法，即由采购单位选出供应条件较为有利的几个供应商，同他们分别进行协商，再确定合适的供应商。与招标选择方法相比，协商选择方法因双方能充分协商，因而在商品质量、交货日期和售后服务等方面较有保证，但由于选择范围有限，不一定能得到最便宜、供应条件最有利的供应商。当采购时间较为紧迫，投标单位少，供应商竞争不激烈，订购物料规格和技术条件比较复杂时，协商选择法比招标选择法更为合适。

5.2.5 · 确定供应商

经过一系列综合环境分析、行业结构考察，并对已经选定供应商进行分析、评价后，接下来是确定供应商环节。

根据企业的长期发展战略和核心竞争力，选择适合本企业或本行业的理论和方法，制订相应的实施步骤和实施规则。不同企业在选择供应商时，所采用的步骤会有差别，但基本的步骤应包含下列7个方面，如图5-3所示。

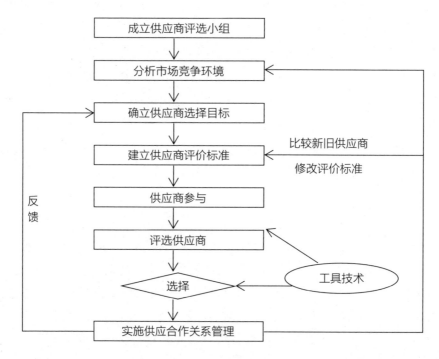

图5-3 选择供应商的基本步骤

（1）成立供应商评选小组

采购方企业会成立一个专门的小组来控制和实施供应商评价，这个小组的组员以来自采购、质量、生产、工程等与供应链合作关系密切的部门的人员为主。小组组员还应具备一定的专业技能。

（2）分析市场竞争环境

企业会知道现在的产品需求是什么、产品的类型和特征是什么，以此来确认客户的需求，确认是否有建立供应关系的必要。如果已经建立供应关系，需要根据需求的变化确认供应合作关系变化的必要性，分析现有供应商的现状，总结企业存在的问题。

（3）确立供应商选择目标

企业会确定供应商评价程序如何实施，而且还会建立实质性的目标。

（4）建立供应商评价标准

供应商评价指标体系是企业对供应商进行综合评价的依据和标准，是反映企业本身和环境所构成的复杂系统的不同属性的指标，是按隶属关系、层次结构有序组成的集合。

不同的行业、企业，不同产品需求和环境下的供应商的评价应是一样的，但供应商的评价标准应涉及以下几个方面：供应商业绩、设备管理、人力资源开发、质量控制、成本控制、技术开发、客户满意度、交货协议等。

（5）供应商参与

一旦企业决定实施供应商评选，评选小组需要尽可能地让供应商参与到评选的设计过程中，确认他们是否有获得更高业绩水平的愿望。

（6）评选供应商

主要的工作是调查、收集有关供应商生产运作等全方位的信息。在收集供应商信息的基础上，利用一定的工具和技术方法进行供应商的评选。

（7）实施供应合作关系管理

在实施供应合作关系管理的过程中，市场需求也将不断变化。企业可以根据实际情况的需要及时修改供应商评选标准，或重新开始供应商评估选择。在重新选择供应商的时候，应给予新旧供应商以足够的时间来适应变化。

5.3
供应商选择的影响因素

供应链是个开放的系统，供应商的选择隶属于该系统的一环。由于供应链经常受到质量、价格、交货及其他多种因素的影响，供应商的选择也必然会受到这些因素的影响。供应商选择的影响因素如图5-4所示。

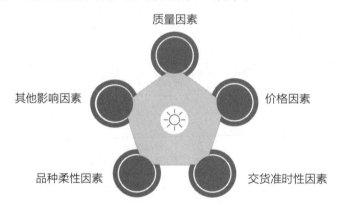

图 5-4　供应商选择的影响因素

（1）质量因素

质量是供应链的生存之本，产品的使用价值是以产品质量为基础的，它决定了最终消费品的质量，影响着产品的市场竞争力和占有率。因此，质量是选择供应商的一个重要因素。

（2）价格因素

价格低，意味着企业可以降低其生产经营的成本，对于企业提高竞争力和增加利润有着明显的作用，是选择供应商的重要因素。但是价格最低的供应商不一定就是最合适的，还需要考虑产品质量、交货时间以及运输费用等诸多因素。

（3）交货准时性因素

能否按约定时间和地点将产品准时运至，直接影响企业生产和供应活动的连续性，也会影响各级供应链的库存水平，继而影响企业对市场的反应速度，也会影响生产商的生产计划和销售商的销售计划。

（4）品种柔性因素

要想在激烈的竞争中生存和发展，企业生产的产品必须多样化，以适应消费者的需求，达到占有市场和获取利润的目的。而产品的多样化是以供应商的品种柔性为基础的，它决定了消费品的种类。

（5）其他影响因素

其他方面的因素主要包括设计能力、特殊工艺能力、整体服务水平、项目管理能力等因素。

5.4
与供应商建立长久稳定的合作关系

5.4.1 与品牌商战略性合作

选择品牌商就等于选择与信誉共行，尤其是一些国内外知名品牌，有些工厂为了提高收益，会直接以代工代销的合作形式展开，这些供应商也算得上工厂级的供应商。而采购人员可找到某个品牌的厂家或总代理商，直接瞄准品牌进货即可。一般大工厂的产品都具备以下4个优点，这也是与这些品牌供应商建立合作关系的好处，如图5-5所示。

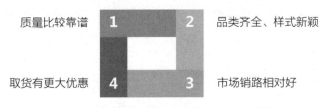

质量比较靠谱　**1**　　**2**　品类齐全、样式新颖

取货有更大优惠　**4**　　**3**　市场销路相对好

图5-5　与品牌商建立合作关系的4个好处

当然，一些供应商可能会要求采购方整箱拿货，那就要采购人员学会巧妙地与厂家代理进行沟通。以服装厂进货为例，采购方拿了5万件货物，当中的尺码和款式颜色都应该由其规定，这是因为很多大众系列的服装样式很多，颜色也有很多可供选择，因此不需要全部进货。

5.4.2 与厂家订制式合作

订制式合作的采购方式，是指采购方事先与厂家或供货商联系好，一旦有客户下单，直接把订单发给厂家，由厂家加工制作发货，而采购方可以从中赚取部分差价作为利润来源。由此一来，采购方与供货商形成合作关系时，前者负责寻找潜在客户、建立交易关系，后者则负责生产和运输，两方分工明确、效率较高。

此外，采购方不用担心货物积压的情况会发生，只要将订单数量准确地报给厂家，剩下的生产、加工则由厂家全权负责，若产品出现问题可与厂家取得联系。但是，在这种分工形式下，采购方不参与产品的生产、加工，无法更好地把握产品品质，在细节问题上双方也可能会出现摩擦。当然，一些大型的加工厂是不愿意与这些小额订单的销售方合作的，这是因为生产一类产品需要一整套复杂的程序，厂家不能代表所有参与生产的部门或具体人员单方面地决定和解决。

这种合作可最大限度地实现零积压和零库存，但可能出现的问题也比较多，代理商或采购方要做的就是密切与厂家联系，甚至可以驻厂监制整个生产过程，完成监督采购这一具体任务。

5.4.3 与批发市场双赢式合作

在一些大型批发市场中，对于同一种类的产品，往往有很多形式的销售商可供采购方选择。从批发市场的供货商处直接拿货，的确是有优势的。其一是质量和货源比较有保障，其二是成本也会低一些。

以学习用品为例，在批发市场中有综合性店铺或企业部门，当然也有专门销售某一类学习用品的供货商企业。采购方可按照自己的需求，以零售的方式从供货商处拿货。

例如，某企业要购进一大批学习用品，可以在某个专门供货商处一次性购进一批圆珠笔芯，或者到综合性店铺或企业部门处订购大量的圆珠笔芯、作业本和打印机等。不难看出，这种零售式采购，相对而言更适合那些小批量、高频率的采购商。确定好合作方后，价格的谈判则是需要和供应商协商，争取以较为低廉的成本价入手。

采购人员需要注意采购量大小，不同的企业在采购物料方面，可能会面临着物料供给不足，产品价格增长，同类产品竞争者以进货量大为理由抢占货源等情况。在采购人员与供应商首次合作，关系不够牢靠且批发量小的前提下，即便以批发价去拿货，实际上供货方给出的价格还是比较高。尤其是对于一些紧俏产品，拿货量大的采购人员会将货源一抢而空，那对采购量小的企业来说，肯定不占什么优势。

5.5
供应商的有效管理

5.5.1 供应商档案归档

供应商档案归档的目的是加强对供应商的管理，提高企业整体管理的有效性。那么，哪些档案需要归档呢？通常有以下3类。

（1）有关供应商方案的基础知识

通过机关单位、组织部门记录入册和个人在社会中形成的，并且作为历史记录得以保存起来，以供考察的文字、图像、声音及其各种方式为载体的文件内容。

（2）与供应商有关的证书及其分类依据

采购部门要保证有以下几个合格证书：企业营业执照、生产许可证、卫生许可证、印刷许可证和税务登记许可证等。

有时候一个采购方寻求的供应商可能有多个，此时，一般要进行分类。按照商品编号划分，前一位为商品类别码，后三位为厂商类别码。通过对基本情况的统计，有资料类、合同类、产品类和流程类，往来传真可以实现一般性文件传递。

（3）归档中的注意事项

① 注意联系地址的详细性，用合理的方式表达出来，如网址、电子邮件。

② 供应商称呼应当得体，可使用供应商之间注册或登记时使用的名称。当然这个称呼必须是全称，此外联系人也必须用全名，避免用昵称。

③ 供应商提供的联系电话，不仅有前台接待电话，也应该包括其他业务员的联系电话和传真。多保存主管级别以上人员的联系方式。

④ 注意记录供货方的应用范围，包括供货方产品的类别、品质和销售渠道等，甚至供货方以往的税务历史。

⑤ 注意采购档案动态的保密性。

5.5.2 ● 把供应商当作分厂看待

采购方与供应商的关系不应该是简单的买卖关系，即作为两个独立的利益体，没有任何的利益交叉点，这样，双方把合作看成竞争，忽略了合力创造出更大的力量。因此，双方应该建立持续长久的、值得信赖的、忠诚的合作关系。与简单的买卖关系不同，这种关系的建立需要采购方主动地维护供应商的利益，具体内容如下。

① 适当地给予供应商利益率。

② 不能要求供应商履行合同规定以外的其他义务。

③ 在批量生产期，设计方案尽量地保持稳定，即便是因不可抗力因素而更改内容，也需要与供应商经过一番协商，再进行妥善地修改并做好善后工作。

④ 当采购产品质量不过关或采购价格大于等于利润时，说明此处谈判决策和交易严重失误。因此，为了保证供货的稳定性和持续性，总部应该派遣有关人

员，与供应方商谈加强质量管理的措施，提高产品的合格率。

5.5.3 持续对供应商进行绩效考核

坚持对供应商进行考核，一方面，采购方可以掌握对方的经营状况和生产能力，并以此衡量其是否具备完成制造目标产品的能力和水平；另一方面，供应商可依据考核结果，更好地改进生产质量，提高保质保量的交货能力。表5-3是采购方针对供应商特点制订的评价项目。

表5-3　采购方针对供应商特点制订的评价项目

序号	项目	评分时间和次数
1	交货品质	根据实际的交货情况，采取评分工作，要隔出一段时间（月度、季度）进行调整
2	配合状况	要看供应商能否积极回应采购方提出的合理要求，一般是每隔一段时间（一月度、一季度）评价一次
3	管理体系	依据国际管理体系的规定，坚持每半年或一年评价一次
4	其他方面	依据实际情况，如把影响价格的表现作为主要参考来评价，通常坚持每隔一段时间（一月度、一季度）评价一次

当然，采购方也可以根据物品的合格率、交货率和逾期率来对供应商进行综合性考评，或者通过配合度来完成对供应商提供服务的质量评析，这些因素都将帮助采购方更公平、全面地对供应商进行长期评价。

5.6
与供应商的关系处理

5.6.1 平等对待供应商

采购方与供应商的合作关系密切，供求双方每次交易的质量都会影响到合作的长期性。这是因为供应商是产品实现的重要基地，其中采购物料的质量、价格、交付周期，在某种程度上决定了目标产品的生产质量、成本和生产周期，因此采购方要把供应商当作己方分厂，不同的分厂承担着各自的生产任务，但都有着同一个生产目标。

学会平等地对待每一个供应商，采购方与供应商在生产关系中不应分主次顺序，虽然在业务关系上两者有地位上的区分。作为买家的采购方占据主导地位，指导着供方基本生产和产品要求说明，此时的供应商应按照需求方要求去完成主要义务。这个时候常常会有一些采购企业利用地位优势逼迫或强迫供方接受一些不对等的条件，以此来达到己方不合法律效力的目的。

显然这是不可取的，这种获取"蝇头小利"的方法，会让采购企业失去更多发展的机会。长远来看，采购方在行业内会形成"虚伪自私、咄咄逼人"的不好印象，一旦在其他供应商中产生"名誉危机"，这些合作方纷纷取消合作，投向更广阔、更好的市场，采购方常常会失去更多的合作机会。

坚持平等对待供应商，做任何事先听听别人的意见，不要以抓取对方的弱点来占据主动地位，从而使得对方处于被动位置。在谈判中要坚持的最基本的原则是：不强迫供应商做自己不愿意的事情，不与供应商签订任何条件不对等的协议，更不能以任何欺骗的方式逼迫对方签订其不擅长、又不愿意参加的新项目等。

5.6.2 ° 不要被供应商牵着鼻子走

这种特殊情况常常出现在一些采购新手身上，由于其不具备采购实践中的一些经验，比如，辨别供应商承诺的真假及合理性，总是在双方谈判中显得十分被动。采购方很有必要提升自己应对供应商的能力和技巧，以防被供应商牵着鼻子走。接下来的案例，就为我们证明了这一采购经验。

小王大学毕业后，通过应聘担任一家企业的采购人员。这家企业有个习惯，经常会采购一批画册送给一些客户，以维持与客户的关系。小王受命采购这些画册。由于没有什么实际经验，他便在网上多方搜索与联络，之后初步确定了一家画册供应商。这家供应商的老板不仅能说会道，还和小王称兄道弟，声称与小王一见如故，并反复强调自己给小王提供的是最低的价格、最好的质量，换了别人一定不会卖。就这样，小王在供应商的滔滔不绝中，自作主张，以每本画册7元的价格向该供应商采购了5万元的货物。同时，供应商以"杜绝赊欠"为由，催促小王快速办理了付款手续。

然而，当小王采购的这批画册送到企业后，企业其他同事却告知他，这批画册的市场价格不过每本1元多，并为小王介绍了几家供应商。小王咨询后发现同样的货品果然只要1元多的单价。当小王询问与其合作的供应商价格差距为什么这么大时，供应商却一口咬定自己卖的画册成本高，价格也是地道的。由于小王当时自认为供应商很"真诚"，就没有跟供应商签订采购合同，因此也无法制约供应商。

通过这件事，企业领导对小王产生了怀疑，希望小王"如实交代"与供应商的关系，并以小王"不适合做采购"为由，暂时将小王调到其他部门。小王后来回忆起这件事时，意味深长地说："采购人员千万不要被供应商牵着鼻子走！"

以上这个案例告诉我们，采购新手们一定不要轻易地听信供应商的"一面之词"，无论是对没有合作过还是已经合作过的供应商，采购过程都要严格遵行必要的市场监控、产品核查、合同签订等方面流程，避免因大意出现失误，要培养规避风险的意识。凭个人喜好与自我感受去处理与供应商之间的关系，也是不可取的，有时候"照章办事"的确是有效的。

同时，这也提醒企业要建立完善的采购管理制度，善用资源，发挥主观能动性，坚持以科学、认真、谨慎的态度去应对采购谈判。

5.6.3 不要热衷于淘汰供应商

采购企业中人员交替、职位变更等情况经常出现，此时就可能会有一些新采购人员一上岗，就淘汰一大批旧合作商，导致增加了重新寻找供应商的风险，在与新供应商的磨合中也浪费了不少时间成本。的确，更换新的供应商可能会有利于企业接触新的发展"契机"，找到新的市场出路。然而，"存在即合理"也印证了任何事情的出现都是有其发展原因的，不能一概而论、"一棍子打死一堆人"，所以在淘汰供应商时要格外慎重。

首先，从刚上任的采购人员角度看，他们对企业还不够了解，接受任务时也不懂得怎么熟练操作，所以并不建议更换新的供应商。当然除了那些质量、交货或价格等方面存在问题的供应商。要想双方形成流畅的合作，需要一个短则几周、长则几个月甚至超过一年的磨合期，这是不可避免的。

其次，从供应商角度考虑，一些生产型企业尽管有采购方提供的图纸、规范，但做出来的产品是不能与原先供应商相比较的。即便通过绩效评估，选择更优质的供应商，淘汰那些效率低、品质差的供应商，也不能情绪化淘汰"供应商"，破坏了采购方与供应商以往良好的合作关系。要明白，供应商与采购方之间的发展关系，应该是相互尊重、扶持，坚持互利共赢。

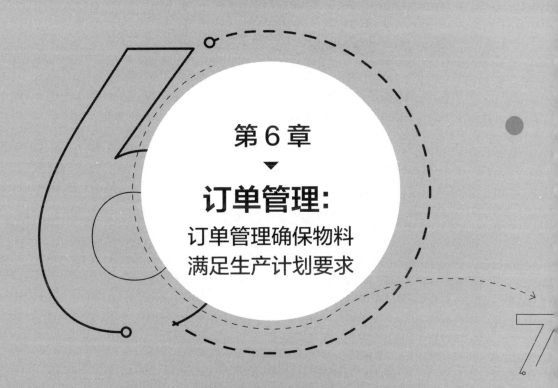

第 6 章

▼

订单管理：
订单管理确保物料满足生产计划要求

　　采购订单是采购双方交易的依据，事关双方的实际利益，因此，采购方一定要重视订单管理。不但要重视订单的拟定、签订和执行工作，还要重视在执行过程中对订单进行跟踪，以使企业能购买到所需的商品，为生产部门和需求部门输送合格的原材料和配件。

6.1
订单下单流程

6.1.1 提出采购申请

采购订单的拟定要依据企业产品的用料计划、生产能力以及其他可控因素，由采购相关人员制订出切实可行且能够下达至供应商执行的采购订单计划。

采购订单在整个业务中是非常重要的一环，所处的地位十分重要。它是存货在采购业务中流动的起点，是详细记录企业物流的循环流动轨迹，是累积企业管理决策所需要的经营运作信息的关键。通过它，采购人员可以直接向供应商订货并可查询订单执行状况，通过采购订单的跟踪，采购业务的处理过程可以一目了然。

在制订采购订单前需要向部门提出申请。提出申请的过程又叫请购，请购的确定是制订并发出采购订单的前提条件。这一环节包含3方面内容，如图6-1所示。

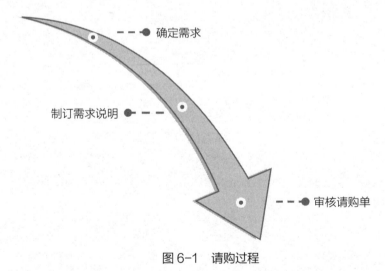

确定需求

制订需求说明

审核请购单

图 6-1　请购过程

（1）确定需求

确定需求是采购活动的基础环节。简单来说，就是在开始采购作业前，明确要买什么样的物料、买多少、什么时候买、由谁来买和决定等。

① 明确发出采购需求的是哪个部门。采购需求是由使用部门的实际需求而定的，因此，请购常常由有关部门负责人先提出，再撰写请购单，各个部门负责人可以明确采购需求。不同的使用部门，请购单的撰写有所不同。如表6-1所列，是使用部门负责人撰写请购单时应该注意的事项。

表6-1 采购人员撰写请购单时应该注意的事项

部门	注意事项
使用部门	采购部门负责一般性物料请购单的开设，在采购部门购入目标物料后，向仓储部门领用即可
仓储部门	针对存量管理的物料，按照订购需求进行采购，不需要使用部门的同意（除非此项物料停用）
生物管理或物品管理部门	在物料计算程序正常进行的前提下，依据物料需求计划表和存量管理标准，由计算机直接打印请购单，但是仍然需要该部门的审核
项目小组	当工厂进行扩建计划，或企业订立新的发展计划时，由负责该计划的项目小组开出请购单，以此来进行扩建或开发事宜
总务部门	对于办公用品，一般由总务部门统筹需求，再集中进行采购

② 明确采购需求发出的原因及有关流程。掌握物料需求往往靠的是企业中使用部门的直接反馈，因为使用部门更清楚本部门的需求，需要什么、需要多少、什么时候需要等。因此，在确定采购需求之前，需要仓储部门对各个使用部门发来的物品需求单进行整理、分析，确定其基本需求，然后再及时转发给采购部门。

同时，采购部门也有义务协助生产部门预测需求，一方面避免风险或者降低成本，另一方面加速产品推向市场，增强市场竞争力。

因此，采购需求的确定至少需要3个部门的精诚合作，即使用部门、仓储部门和采购部门。

（2）制订需求说明

确定需求之后，需要进一步制订需求说明。所谓需求说明，即对需求的细节，比如品质、包装、售后服务、运输及服务方式等予以准确描述。采购人员若不了解使用部门到底需要什么，就无法真正做到合理采购。出于这个目的，采购部门必须对所申请的物品品名、规格、型号等有一个准确的了解。采购需求说明模板如表6-2所列。

表6-2　采购需求说明模板

序号	名称	规格	单位	数量	品质	包装	售后服务	运输及检验方式

（3）审核请购单

当使用部门提出请购单后，采购部门需要对其进行审核，只有合格或符合规定才能列入购买计划；而对于不合格，或不符合规定的，则要退回，责令更正。请购单审核的具体内容包括以下方面。

①日期；

②编号（以便于区分）；

③申请的发出部门；

④涉及的金额；

⑤对于所需物品本身的完整描述以及所需数量；

⑥物品需要的日期；

⑦任何特殊的发送说明；

⑧授权申请人的签字。

6.1.2 ● 做好下单前的准备工作

下单前的准确工作，是指采购人员在收到采购部门已经审核合格的请购单后，进行的一系列准备工作，包括了解所购物品的详细情况、确认价格及质量标准、确认项目需求量和制订订单说明书。具体内容如表6-3所列。

表6-3　下单前准备工作的具体内容

序号	准备事宜	具体内容
1	了解所购物品的详细情况	由于所采购的物品品类多，或是某种采购人员从未接触过的新品。采购人员就需要花费时间，进一步了解物品的详细情况，避免在采购中出错

续表

序号	准备事宜	具体内容
2	确认价格	任何一个物品的价格都会随着内外部环境的变化而发生变化，因而采购价格也会发生相应改变。采购人员为了避免不必要的浪费，可以向采购商先确认采购价格，可以多对比，然后再做出最后的决定
3	确认质量标准	受采购方与供应商之间的关系变化，供应商生产物品的能力也会发生变化。对于订单是否需要调整，采购人员应随时了解相关情况
4	确认项目需求量	订单中的采购需求量一般应等于或小于采购环境的订单容量，同时还应大于审核人员所确定的采购容量；当然，由于计划人员操作不当，应该及时地提醒相关人员，以此保证订单需求量与采购环境订单容量相匹配
5	制订订单说明书	内容包括项目名称、确认价格和质量标准，确认需求量，是否需要拓展采购环境容量等，另附有必要的图纸、技术规范、检验规范等

6.1.3 ○ 向供应商下单

做足下单前的准备工作后，接下来就需要确定本次采购活动的供应商，并正式向其下单。下单的流程如图6-2所示。

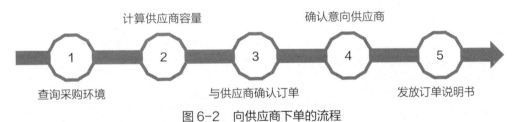

图6-2　向供应商下单的流程

（1）查询采购环境

完成订单准备后，要继续查询采购环境信息系统，以便找到最适合的供应商。确定合适的供应商后，根据结构规模的不同，采购企业的采购记录和管理的方式也会有所不同。对于小规模的采购，采购记录往往记载在认证文档上；对于大规模的采购，采购环境的记录则由信息系统来管理。不过按照常理推断，一项物品应有三家以上的供应商，极个别情况下也会出现一家供应商，也就是独家代理商。

（2）计算供应商容量

除了对目标供应商环境的查询和分析外，还要对预选中的其他供应商进行容量估计，这是因为向一个容量已经饱和的供应商下单，那么这个订单恐怕是很难完成的。凡是有经验的采购人员，都懂得在采购前先计算该供应商的容量，哪些家是饱和的，哪些家还有空余量。当然像这种全部饱和的情况，应当立即通知查询采购环境或认证的相关人员，而且要对这种状况紧急处理。

（3）与供应商确认订单

在取得采购环境认证和确定目标供应商容量之后，接着要做的是与已确定的供应商确认订单。采购方应注意订单内容是否完整，主要包括：产品名称、规格、数量、单价、总金额、交货期、交货地点、付款方式，以及对订单有约束的各种条件。这些条件的设置应符合法律要求，满足双方正当利益诉求。

（4）确认意向供应商

采购人员要经过综合查询、分析和认证，不仅要考虑到订单分配比例，又要考虑到供应商现实容量等情况，初步判定意向供应商。当本次采购确定要选择哪家供应商时，则意味着采购订单取得实质性的进步。

（5）发放订单说明书

与供应商确认订单后，采购方需要及时、准确地将采购环境中已得到认证的物品生产工艺文件发送给供应商。还包括采购产品的技术性材料，由此供应商才能做出"接单"或"不接单"的回复。

在经过以上全部流程后，基本上可以确定本次采购计划所投向的供应商，并且与已确定的采购商完成下单和接单等初步流程。

6.1.4 • 签订订单

向供应商下单后，接下来就是与对方签订订单。签订订单要根据具体的条件，包括企业自身的要求、采购物料的情况、供应商情况等综合考虑。订单的签订一般有4种方式，具体如下。

① 面对面签订：即双方现场签字盖章。

② 利用传真机签订：即把采购方已书写完毕的订单材料进行打印，然后供方以同样的方式传回。

③ 利用电子邮件签订：即通过电子邮件进行传达，供方向采购方发送确认邮件，则表示其愿意接受该订单内容并签字或盖章。

④ 职能签订：即建立系统化的订单管理系统，通过科学化、规范化程序完成买卖双方之间的交易。

6.2
对订单进行跟踪

6.2.1 订单跟踪的形式

为保证及时收到物料，当向供应商下单后有必要及时跟踪。正常来讲，供应商接到订单后会提供一份供货计划，包括什么时候完成、分为几个步骤等。

跟踪催单形式多样，常用的包括电话、信函、电子邮件、面对面，但无论采用哪种方式，都必须重视起来，在企业中建立高效的跟踪催单制度，并组织专业人员或部门专门去执行。

（1）跟踪催单的形式

跟踪催单的形式主要可分个人催单和组织催单，根据不同的需求，决定采用具体的执行人，如图6-3所示。

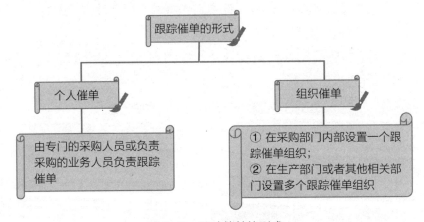

图 6-3　跟踪催单的形式

（2）不同类型订单的催单方式

为更好地跟踪催单，需要对订单进行分类，按照轻重缓急和在生产中的重要程度进行。一般可分为A、B、C、D四类，具体划分如表6-4所列。

表6-4　不同订单的催单方式

类型	催单方式
A类	重要且紧急程度最高的订单，需要严格按照计划进行，多采用面对面催单的方式
B类	重要不紧急，紧急不太重要的订单，可通过电话或电子邮件提醒供应商
C类	供应商不能按照合同要求及时发运的订单，需要采购方派相关人员查清原因，如果订单的重要性和紧急性不高，可适当调整催单日期，反之则依照合同违约条款，向供应商提出赔偿要求
D类	不重要的订单，只有在特殊要求下才需要催的订单，可根据采购方的实际需求，在必要的时间内，通过电话或电子邮件提醒

6.2.2 ○ 设置合适的前置期

把握好前置期能为采购赢得更多优势，总的来说，前置期越短，对采购方越有利，越有利于提高采购效率、降低采购成本、降低采购风险等。

在设置前置期之前，首先要充分了解一下什么是前置期。所谓前置期是指从发出订货单到收到物料的这一时间段。这一时间段又可分为两部分，一个是订单的生产时间，另一个是物料运送的时间。

其次，采购人员要合理预估从下订单到物料进入指定地点这一时间段具体需要多久，并对其有总体的把握。

所以，设置合适的前置期需要综合考虑到采购方、供应商等多重影响因素，如表6-5所列。

表6-5　设置合适的前置期的影响因素

采购方的因素	供应商的因素
采购方向供应商提供的信息应正确且完善，否则供应商的前置期可能会延长。如，采购方需要等待对方一段时间的审核，以保证一部分资料的完善或更准确、详细的需求信息	供应商处理冗长复杂的订单，此时前置期会延长

采购方的因素	供应商的因素
采购方在供应商设施所在地实施检验，可能会增加前置期时间	供应商处理订单的系统，影响着订单的处理速度，同时影响到前置期
进货期时间过长，程序增加会使前置期增加	运输方式不同，运输时间也会不同，货物运输方式会影响前置期
在持续的采购需求下，采购方有必要给供应商提供一份在什么时间需要什么物品的预测，这个时候供应商可将活动提前，同时外部前置期也会变短	供应商的生产方式也会影响到前置期。按订单生产是指供应商在收到订单后才开始生产；库存生产即产品已经被生产出来，供应商接到客户订单时就要把库存产品交付给客户。相比之下，按订单生产的生产方式前置期更长

6.2.3 订单追踪的情形

在下订单阶段，供应商会按照己方实际情况完成合同规定的主要义务。而此时，采购方为了尽快收货，应提供给供应商必要的支援。

采购方要及时把图纸和产品规范交给供应商，帮助其完成正常生产。当然，供应商如果对材料提出任何疑问，采购方都要及时回复。倘若没有明确的图纸或产品规范，只有采购方提交的制品和笼统规范，那就按照双方当初的约定生产，同时跟催对方进度，一旦产品制作完毕便及时提交给检验部。

除了提供给供应商图纸类材料外，若需要采购方提供样品模具、冶炼工具等，要明确规定由哪一方生产，并及时调整对接时间，以保证其产品性能或精度满足经济最适性。供应商缺货时，有必要由采购方予以补给。同时考虑到供应商生产的负荷期，采购方应及时观察其供货压力是否过大，确认供应商能否顺利供货并及时交货。

6.2.4 下订单阶段的跟催细节

订单追踪主要出现在物料生产阶段和供货阶段。比如，因为模具、机器设备经常性故障，原有的工作量可能难以达成，采购方若有能力，可以协助供应商共同完成生产，或者帮助解决生产过程中的瓶颈。

当出现火灾等不可抗力因素影响时，采购方可与供应商协商后将物料生产交付给第三方供应商进行生产。若采购方出现因为某些原因延迟货期或终止生产、取消订单等意外情况，应当依据合同规定，采取有效措施应对，避免在付款时出现相互冲突的问题。

供应商按照要求完成生产货物之后的运输和到货检查阶段也十分重要，此时采购人员要保证供方交给己方的所有货物经过检查后全部合格。当然，出现数量过多或过少，甚至存在极少量不合格产品的问题，也是正常现象，此时采购方要对这些货物进行相应地处理。

跟催中应注意的细节，具体如下。

① 通过加强供应商与采购方的协商和沟通，减少双方差距。对于供应商产能状况，要明确其按照轻重缓急的顺序来确定生产，坚持跟进生产环节的每一步。

② 在跟催过程中坚持交货期权威，以此提高交货期的信赖度。

③ 保证订货的批量适当选择，使采购方及供应商双方都能接受最经济的数量。

④ 明确订单约定的交货日期并严格遵守。

⑤ 对供应商的负荷、产能、进度和剩余能力进行有关管控。

⑥ 对于事务手续、指示、联络、说明、指导等内容予以迅速化管理。

⑦ 定期进行追查，建立在分析整合基本数据的前提下，予以重点管理。

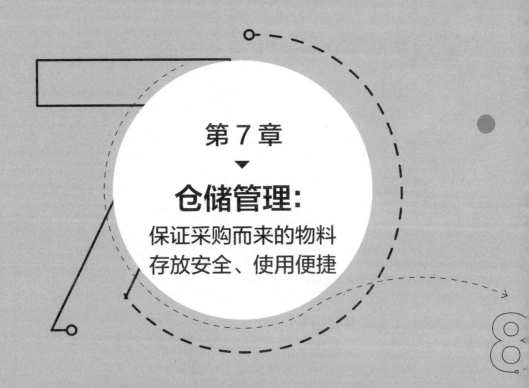

第 7 章
▼
仓储管理：
保证采购而来的物料
存放安全、使用便捷

　　"兵马未动，粮草先行"，仓储是企业的"粮草库"，只有对仓储进行科学、合理的管理，才能保证物料安全、有效地投入企业生产、销售实践中去，并最大限度地减少无谓的消耗，从而最终保证企业的各种经营活动顺利进行下去。

仓库规划

7.1.1 仓库选址分析与评估

现代仓库已经从过去的单纯存放物料，升级为配制机械化存储设施、输送管道、消防设备等一体的现代化仓储空间。因此，在采购仓储管理中，仓库的选址是需要解决的首要问题，仓库的选址十分重要，那么，什么地方适合做仓库呢？

要回答这些问题，需要从企业以及物料特征出发，具体来说可从两个阶段来分析，如图7-1所示。

图 7-1　仓库选址从两个阶段来分析

这两个阶段覆盖了仓库选址的主要环节，下面就从这两个阶段来具体分析如何对仓库进行选址。

（1）需求的调研与分析

① 需求调研。需求调研是指这个仓库是用来做什么的，储存哪些物料，需要什么样的仓库等，这些都是对仓库本身的需求性分析。具体来说，包括仓库的运输量、货物总量，以及运输，即保证物料存储的最大、最优作业量。

例如，农产品的特点是储存量较大，往往要花费大量时间才能完成采集。针对这种情况，农产品仓库的选择应该注意规模不能太小，注意防潮防虫，靠近农田，便于搬运。

② 需求分析。需求分析主要是指可行性分析，仓库的地理位置有哪些优势，道路畅通情况如何，是否有法律约束，甚至包括费用问题。费用问题是不容忽视的。建一个仓库需要运输费、配送费、仓储费、土地使用费、人工费等。所以，需要对仓库的费用进行一个合理的预测，在预算范围内进行成本分析。

例如，超市、卖场、商场等零售业仓库，主要是通过提供优良产品来获取市场，仓库的选址必须要考虑离门店尽可能的近，方便随时补货，保证根据市场变化确定供货计划。此外，还要注意保质期，由于大部分产品保质期相对较短，要少量多次进货，使仓储量不至于太多。

（2）地址的评估与选择

① 地址的评估。仓库的地址初步确定后，例如，综合各项因素已初步选定了3个仓库地址，那么，接下来就要对这3个仓库地址进行评估。评估方法通常有两种，如图7-2所示。

图 7-2　仓库地址评估的两种方法

a.权重分析法。权重分析法就是将影响仓库选址的各个要素由重到轻依次排列，按权重累计，通过权重结果评估各个仓库的优劣。其好处是影响仓库的各个因素都不会被忽略。

例如，重工业企业使用物料，其最大的特点是对原材料依赖性较大。那么，仓库地址的选择，首先，要考虑接近资源丰富的地方；其次，由于储量大、类型单一的特点，仓库地址距离原料加工地必须近，便于就近进行原料加工处理。

b.成本分析法。每个仓库的选址方案中都有固定成本和非固定成本，且其投入和收入会因仓库储量的变化而变化，成本分析法就是对固定成本、非固定成本、投入和收入的比例关系这3项主要元素进行综合评估，找出最佳方案。

② 地址的选择。仓库选址的原则有以下3个方面。

a.战略性原则。它是指仓库的选址要从大局出发，要和国家政策、可持续发展等相结合，着眼于长远利益，用发展的眼光来看仓库选址问题。

b.协调性原则。它要求将仓库看作一个整体系统，仓库内的设施设备、功能分区、物流作业等各个要素之间要相互协调。

　　c.经济性原则。它是指要从实际运营角度出发，尽可能将仓库的费用降到最低，从建设和维护两个层面综合考量仓库地址。

7.1.2 仓库货架设置与划分

　　仓库货架在物流以及仓库中占有非常重要的地位，可以帮助仓库实现现代化管理，完善仓库的功能。但是如何对货架进行设置与划分却是一门学问，需要掌握货架类型和设置原则。

（1）货架类型

　　合理的货架架式结构可以大幅度提升仓库的可利用空间，使物料不会互相挤压，降低物料的损耗率，通过防潮、防尘、防盗等措施，保证物料的质量。货架结构往往与货架类型息息相关，采用什么样的货架结构取决于用什么样的货架。

　　因此，为了更好地说明货架结构问题，有必要详细了解一下货架的类型。随着技术的发展，货架的样式与功能越来越多。

　　常用的货架类型有6种，如图7-3所示。

图 7-3　常用的货架类型

　　① 立体式货架。立体式货架可分为阁楼式货架和自动化立体货架。立体式

货架在仓库储存中应用范围非常广，适用于库房较高、物料体积小、人工存取、储物量大的情况。

② 托盘式货架。托盘式货架可自由组合，便于拆卸和移动，还可按物品推码高度，任意调整横梁位置。此种货架适用于多品种小批量或少品种大批量物料的存储。

③ 贯通式货架。贯通式货架又叫通廊式货架，因为取消了位于各排货架之间的巷道，将货架合并在一起，使同一层、同一列的货物能互相贯通。

④ 屏挂式货架。屏挂式货架由百叶式挂屏和挂箱组成，设置方式可分为固定式和移动式，适用于多品种或多规格的各种小型零件的储存，也可设置在手推车或托盘上，做工序间临时储存或装配线供料用。

⑤ 移动式货架。根据承重划分，移动式货架可分为重型、中型和轻型3种，一般重型货架采用电动控制便于移动，轻型、中型则采用手摇移动。

这类货架的优点是便于控制，安全可靠，一组货架只需一条作业通道，大幅度提升了空间利用率。适用于库存品种多，但出入库频率较低的仓库，或入库频率较高但可按巷道顺序出入库的仓库，可广泛应用于传媒、图书馆、金融、食品等行业物料的储存。

⑥ 旋转式货架。根据旋转方式的不同，旋转式货架可分为垂直旋转式、水平旋转式、立体旋转式3种。旋转式货架沿着由两个直线段和两个曲线段组成的环形轨道运行，由开关或小型电子计算机操作。在存取作业时，由控制盘按钮输入货物所在货格的编号，该货格则以最近距离自动旋转至拣货点，拣货路线短。

以上是目前仓库使用的主要货架形式，不同的货架有各自的优点和特色，仓库货架形式的选择要结合仓库和物料特点来决定。

（2）货架设置原则

① 按照区域设置原则。货架应该按照区域进行划分，每个区域用不同的英文字母来分区，货架层数用数字来分层，货架标号用中文数字区分。这样便于工作人员寻找、拿取货物，以提高工作效率，节省工作时间。

② 便于货物的流动性原则。货物的流动性是设置仓库货架的原则之一。比如，使用频率较高的货物，应放在仓库进出口位置，以便于取货人员节省时间，避免重复翻找；再比如，优先使用的货物应存放在货架下层或易取放的货架上，

便于存取。

③ 专人负责原则。仓库货架应该坚持专人负责原则。这里所说的专人，一般是仓库管理员，可以是一个人也可以是几个人，他们既是物料存取的负责人员，也是责任人。其工作任务是管理货架的物料，并及时填写相关工作记录，包括时间、工作项目、操作人员、指令单号等信息。

④ 设置待检区。待检区是针对仓库补货而设置的区域。仓库补货时，物料往往不能立刻完全入库，需要先进行检验核对和交接工作。同时，需要补充的物料也不是一两件或者一两种，涉及的数量较多，一般难以确定。因此，为了避免混淆入库物料和待检物料，有必要设立待检区。

待检区域的面积大小应该根据企业补货实际需要的平均水平来确定，面积过大会浪费仓储空间，过小则起不到实际作用。此外，还应该考虑补货过程中涉及的人员数量，为其留下适宜的补货空间，这才是一个完整的待检区设计。

⑤ 兼顾仓库管理员自身的需求。许多仓库管理者存在一个误区，货架越多仓库利用率就越高。其实不然，货架的摆放必须考虑取货人员在内能否通畅地行走和物料的大小问题。

一方面，大型货物可能需要的取货人员不止一个，所留出来的走廊和通道能否使得他们顺利通过是必须考虑的问题。另一方面，每个企业货物有大有小，通道大小应视具体情况而定。比如，服装企业的仓库，往往需要的走道空间能满足一人通过即可；机械类仓库，由于仪器精密，常常需要搬运推车，这时候过窄的走道就不能满足实际需求了。

值得注意的是，定期做好货架的通风和清洁工作，检查货架的使用情况，注意货架是否在使用过程中有缺损变形的情况，也十分重要。如查出存在安全隐患应当立即采取整改措施，避免在使用过程中出现安全事故。

7.1.3 · 仓库管理员的业务

在采购仓储管理中，物和人是两大重要的核心要素，物即物料，人即仓库管理员。物料是仓储管理的对象，而仓库管理员是执行管理的人。

仓库管理员是通过对仓库物料的有效管理而使仓库发挥作用的人员的统称。仓库管理员这个岗位看似简单，实际并非如此，需要超强的综合素质才能胜任。仓库管理内容大体上就是物料的收、发、存，每个流程都非常清晰，需严格执行。

那么，到底什么样的人适合做仓库管理员呢？应具备以下4种素质，如图7-4所示。

图 7-4　仓库管理员的 4 种素质

（1）业务素质

仓库管理员应熟悉仓库运作流程，能够熟练操作电脑，充分熟悉所管理的物料，包括其理化性质和保管要求，可以合理安排与使用仓库内的设备，有一定的财务能力，熟悉和了解仓库管理与运营的内容和工作要点。

（2）心理素质

仓库管理员的工作看似门槛较低，但实际上这个职位每天与物品打交道，需要足够的细心和耐心。从心理素质看，仓库管理员需要耐得住寂寞，踏实、负责任。

（3）仓库管理工作经验

仓库管理工作也是一个十分依赖经验的行业。一般由年纪较大、经验丰富的人员担任仓库管理员，但是他们的电脑技术往往又落后于年轻人，而年轻人在仓库机器设备的操作和维护方面缺乏实战经验。

仓库管理员在日复一日的重复性劳动中很容易磨灭兴趣，这就需要一批有较强责任感的人才能坚守岗位。仓管的工作往往较少有人专门监督，通常要自己监督自己。但是万一发生意外了，那就涉及大批的损失，甚至是造成严重的社会影响。

（4）财务知识背景

仓库管理员应该由具备一定财务知识背景的人来担任。作为传统物流部门的工作人员，他们经常会接触贸易数据和财务单据等，有一定财务知识背景的人更容易上手。当然，如果没有财务背景知识也应该在实际工作中锻炼和学习。

当今社会，年轻人在择业时越来越多地考虑的是企业提供的平台和行业前景，不再是眼下的劳动强度和工资水平了。仓储工作的升职方向一般是仓库主管。如果是材料仓管，后期可从事采购工作；如果是成品仓管，后期可从事销售跟单。只要在工作前期努力积累经验，了解仓库材料的名称、规格，学习电脑知识、仓库知识等，仓库管理员的晋升渠道就会越来越宽。除了销售等相关领域可以积累经验，还可以跨行业工作，甚至向企业内管理人员的方向发展。仓管人员的晋升之路是一个由管物到管人，最后管企业的过程。一个人的职业发展，除了知识和经验的积累，还要有人缘和际遇，但只要尽可能多地积累行业知识，就能为职业发展积累资本。

当然，如果仓库管理员抱着太多的功利心去工作，难免患得患失，心理失衡。因此，无论处在什么位置，都要保持平常心，只有把仓管工作当作一个获取丰富人生经验的过程，才能做到在工作中兢兢业业。

7.1.4 仓库管理岗位职责界定

仓库管理员职位小，责任重，任务多，除了要配合仓库其他管理人员完成好内部工作之外，还要负责接洽取货人员、物流人员等，并非是一个只需埋头苦干，不需社交的工作。仓库管理岗位虽然对于学历以及年龄的要求较宽松，但对人员素质的要求并不低。

（1）物料入库

① 核实物料。物料和成品在入库前，应该按照规定严格执行入库手续，核实其数量、价格、规格、种类、交货日期与货单是否一致。物料入库单如表7-1所列。

只有每项数据都符合要求了，才能安排正式入库。因为如果问题产品当作正常产品进入市场流通，势必会给企业形象带来影响，造成资源浪费。

在一些特殊行业，诸如医疗行业、军工行业，其问题的存在可能造成非常严重的影响，甚至直接影响企业未来的走向。为了减少这些不良后果发生的比例，仓管人员应当肩负起检验的责任。如果物料有问题，进入生产过程中，生产人员若能提前发现而未使用固然好，但是一旦未发现并投入使用就可能损坏生产机械，浪费时间，影响整个产品的质量。

表7-1　物料入库单模板

物料入库单									
供应商： 联系人： 日期：				联系电话： 单号： 仓位：					
序号	货品编号	货物名称	规格	单位	数量	单价	金额	零售价	备注

② 填写物料卡。"账、卡、物相符"原则是仓库管理的传统原则，也是基本原则，一直为各种类型的仓库管理所采用，其中，"卡"即仓库现场的物料卡。不同企业对物料卡有多种叫法，如材料卡、物料标识卡、物料收发卡、物料管制卡、物料登记卡、库存卡、库位卡等。物料卡模板如表7-2所列。

表7-2　物料卡模板

库		架		层		位	
物料名称							
规格型号				编号			
用途				产地			
计量单位				计划单价			
储备定额	最低			最高			

物料卡的作用在于便于在仓库现场准确查到物料数量，便于及时发现差异，也便于检查监督工作。特别是一次性采购物料较多的行业，诸如采煤、采矿业，

物料不及时保管很容易造成安全隐患，万一出现责任事故可能会造成人员伤亡。如果是医院、超市等行业，产品不设物料卡可能会混淆物品，给领货人员带来困扰。

③ 及时登记，准确入账。存货入库时应该及时登记，准确入账，登记不及时可能会误报相关数据，造成货物或者原料供应不足。同时，前期核对之后也应及时登记并准确入账。

（2）发放物料

① 对领用人资格进行审核。仓库管理员需要对领用物料部门的领用资格进行审查，凭借领料单发放物料，若需要配套材料，也要一并审核。领料单模板如表7-3所列。

表7-3　领料单模板

领料单						
编号： 领料单位：			领料日期：			
序号	货品编号	货物名称	规格	单位	数量	备注

在审核合格后，仓库管理员应当按照审核无误的领料单，依照先进先出的原则发放物料。

如遇突发情况，也可以后进先出，因为在某些特殊行业，比如医院急诊科，往往情况紧急，一旦错过时间可能就危害人的生命。企业相关部门若遇突发情况应该尽可能提前规划，毕竟插队行为对于排队领取物料的人来说是不公平的。

② 按照规定的手续进行发放。成品库应该按照发货单发货，手续应当全面；如遇特殊情况，但规定手续要求企业领导同意才可发货时，也可事后及时补上手续。

无论是单价高昂的产品，还是平价产品都应该根据销售安排和计划予以生产，对应市场的接纳能力。如果货物错发，损失的不仅仅是财物，还有企业竞争力、信誉度。

一旦市场上抢先一步流通出来企业的同款产品，甚至是一模一样的成品，企业整体创收将遭受损失。由于前期可能投入了大量研发经费，若没赶上第一时间上市，利润必然受损。

③ 及时登记，准确入账。车间领用物料或成品发货后应及时登记有关账卡。企业仓储情况若是对不上企业的账目，轻则影响仓储部门考核，重则影响仓储部门整体信誉。因此，必须责任到人，各负其责，互相监督，按时登记账卡。

仓库管理员应坚持日清月结，凭单下账，不跨月记账，并按时上交报表，做到账、物、卡一致。这就要求仓库管理员必须及时完成工作，避免账单堆积造成对不上账的现象，因此，严谨、一丝不苟的人才适合仓库管理员的岗位。

此外，仓库管理员还应及时检查物料的储存情况，随时了解物料储备情况，如有无储备积压、储备不足或物料停滞、不需要的情况。

7.2 物料的摆放与储存

7.2.1 如何合理摆放物料

物料入库之后面临的首要问题是如何摆放。摆放得当可以节省空间，推动进货、取货效率的提升。物料的摆放原则是必须便于快捷地找到所需物品，因此，在摆放时必须时刻围绕这个原则进行。具体可按照以下标准进行，如图7-5所示。

1 按品类摆放	2 按出库频率摆放
3 按物料重量摆放	4 按照物料形状摆放
5 按照先进先出的原则摆放	6 按照易进易出的原则摆放

图 7-5　物料摆放的标准

（1）按品类摆放

货架上摆放的物品应当按品类进行摆放，同品类摆放在同一位置、同一个格子。如果同类物品比较多的话可摆放在周围，形成一个集合，便于查找、取货。

（2）按出库频率摆放

出货、进货频率高的物品应摆放在靠近出入口和易于作业的地方；频率低的可距离出入口较远。季节性物品按照当下的季节选定摆放位置。

（3）按物料重量摆放

在采购物料种类较多、重量各异的情况下，可以考虑按照重量进行摆放。偏重的摆放在最下面的位置，偏轻的建议摆放在较高的位置上，体积庞大、需要人力搬运的物品摆放在货架上腰部的位置，这样可以提高效率，确保安全。

（4）按照物料形状摆放

如果采购物料形状各异，可以根据不同形状划分出大体的区别，按照大类保存在每层货架上，相似的形状放在一起。

（5）按照先进先出的原则摆放

有的物料本身具有易腐败、易变质的特性，还有些机能容易退化、老化的物品，使用时要注意它们的黄金时间，要按照先进先出的原则进行摆放。例如超市食品的摆放、蛋糕店食品的摆放就是按照先进先出的原则，生产日期临近保质期的摆放在外，其余在内。这样，就有利于物品有效周转和保管。

（6）按照易进易出的原则摆放

为使物品取用方便，在仓库应该按照易进易出的原则摆放，如尽量摆放在通道两边。物料并不存在所谓的商业机密，不需要遵循保密原则。面向通道，方便随取随用，也给仓库管理员的管理带来便捷。

7.2.2 仓库整理的技巧

众所周知，仓储空间一般较小但密度很大，不加以整理，取货拿货、运送、设施安全等都会面临着严峻的考验。因此，仓库管理员需要有十分强的仓库整理水平，懂得整理之术。仓库整理的技巧如图7-6所示。

图 7-6　仓库整理技巧

（1）贴醒目的标识

为了便于管理，仓库管理人员可以在物品上贴上醒目的标识，除了常规的按照大类分别储存之外，物料最外面也应该贴上标签。简洁明了、分类系统化这些优势可以让取货人员在众多雷同的物料中找到物品，不至于循环翻找，完全没有逻辑性。

（2）做到账物相符

账物相符主要依赖于仓库管理人员的努力，仓库管理人员在按照账目发放货物时，应该详细比较，避免出现错拿、错发等现象。仓库管理人员应该在下发货物时，陪伴和帮助搬运人员进行取货拿货。因为对于摆放的具体位置和货物外观，仓库管理人员比搬运人员更为熟悉。有了仓库管理人员的辅助，账目和货物弄错的概率将会大为减少。

（3）维护好现场

现场的维护主要由两方面构成。一方面是货物整齐有序，看起来一目了然。另一方面是，现场卫生环境和人文气氛佳。货物整齐有序有赖于仓库管理人员的管理和维护，及时拿取和补充，及时修补货架和仓库内部公共设施等。卫生环境首先要求仓库管理人员卫生意识强，自觉主动维护公共环境卫生；其次必须安排专人打扫，保证日常清洁。人文环境上应该注重货物摆放、仓库内部颜色的协调性等，视觉上给予工作人员舒适的体验。

（4）做好日常维护工作

仓库内部的维护是确保仓库平稳、可靠运作的保障，仓库货架到了使用期限必须及时更换，如果仓库使用频率较高，隔一段时间内就要检查仓库货架、运货车有无故障和损坏等问题，因为一旦发生了货架倒塌等严重后果，再去弥补就得不偿失了。还有基础设施的维护和更换问题，比如防火栓、灭火器、报警装置、防盗门等，如果忽略这些，很容易给仓库安全留下隐患。

7.2.3 物料储存环境注意事项

物料的储存对仓库的环境是有一定要求的，尤其是一些易爆、易燃、易潮以及特殊材料制成的物料，对环境要求更高。因此，对于仓库管理人员来讲，在储存物料的过程中，如何保持一个良好的环境就显得十分重要。

物料储存环境具体需要注意以下事项，如图7-7所示。

图7-7　物料储存环境注意事项

（1）物料摆放保持整洁、平稳

物料摆放整齐可以使得取货人员更容易取货拿货，而且节约储存空间。仓库中物料摆放最怕货物混乱不堪、疏于管理，那样的仓库几乎失去了仓库的效果。至于货物摆放不平稳则容易出现安全事故，砸坏货物或者砸伤人都是我们不想见到的结果。

（2）符合"5S"标准

"5S"标准是由日本企业家首先提出的一项管理法则，即整理（Seiri）、整顿（Seiton）、清扫（Seiso）、清洁（Seiketsu）、素养（Shitsuke），在这里也可以用于仓库环境，遵循"5S"标准，对仓库内环境的保持是很有好处的。

（3）避免过于潮湿

无论是成品还是基本物料，潮湿都是致命的。但是如果当地气候总体偏潮湿的话，建议在仓库建设时可以使用防潮材料或者垫上纸板吸湿。

（4）做好防火、防盗等防护措施

首先是防火，必须从根源上防止火灾的发生，提升防火意识，注意张贴防火标识，按区域配备灭火器等；其次是防盗，除了传统的安全门窗之外，还应该考虑内盗的问题。因为部分企业涉及的仓储物品往往价值很高，不乏素质低下者产生不正当的念头。应该责任到人，如以签字和打卡制度来制约员工行为。

（5）保持畅通的消防通道

消防通道除了用来防火，它更大的意义是一条安全通道。仓库内发生人员骚乱或者天灾人祸等情况时，人员都可以从此通道逃生避险。同时，由于仓库内往往是一个团队在协助工作，除仓库管理员之外，也不乏其他工作人员造成堵塞消防通道。对于这种情况，可以互相监督，督促其改正这种不良行为。

（6）保持良好的照明

仓库内由于物料密集，对照明的要求较高。工作人员一旦碰倒了某样物品，有可能像碰倒了多米诺骨牌一样，造成恶劣影响。所以，除了常规照明设施之外，建议使用一些发光材料和小夜灯，在黑暗中也可以辨明方向。

7.3
仓库安全管理

7.3.1 如何防止物料损坏

物料在仓储过程中被损坏的现象非常常见，会直接给企业带来巨大损失。防止物料被损坏的主要措施就是严格按照公司的规章制度、行为规范做事，具体措施如图7-8所示。

1　专料专用，不得随意挪用和交叉使用

2　先进先出，不得随意提前或延后使用

3　严格审核物料的进、出库

4　针对不同物料采用不同防护措施

5　及时修缮和更迭保管架、保管箱等器材

6　避免人为损坏

图 7-8　防止物料被损坏的措施

（1）专料专用，不得随意挪用和交叉使用

专料专用是很多企业的硬性规定，因为物料的采购是按照需求计划进行的，往往不会有超出计划的物料备份。如果挪用现有的物料，必然导致其余订单的完成受到不良影响。同时，还应该考虑到如果某种物料的功能是多样的，这种物料可以在其他订单中充当同样的职能，且对于功能上不会有影响。

这种做法也是违背专料专用原则的。因为物料在实际入仓时首先经过采购部门实际市场调研，然后经长时间的比较分析，才能得出来该季度的采购清单。这种缜密的分析之后，必然将成本、市场供应量等多方因素都考虑到了。而仓储部门对于这方面的信息了解是有一定不足的，在调整物料订单时，可能会使得原有的利润下降，甚至是最终亏损的情况发生。

仓储部门工作者作为物料发放的执行者不应该越俎代庖地更改物料订单，但是他有权提出意见和建议，帮助订单策划者完善相关订单信息，而最终决策要各部门协调之后才能出台。

（2）先进先出，不得随意提前或延后使用

物料在仓储保管过程中，无论是短期物料还是长期物料都存在最佳使用期限的问题。对于食品行业的物料来说，保质期长则几个月，短则几天，保存时期一长就可能面临质量下降和过期的风险。工业产品的物料保质期相对而言要长于其他行业，但是它会受到最佳使用期限的限制，即金属制品、化工产品、塑料制品

在经过一段时间后可能会挥发、氧化等。最终这些价格相对较高的工业产品可能不会被市场接纳。

只有按照先进先出的原则才能节省时间，保障物料质量。所以仓库管理员理货的一般原则就是新进的物料摆放在后面，以方便前期的物料优先使用。

（3）严格审核物料的进、出库

入库时有送货单而没有实物的，有实物而没有送货单原件的，来料与送货单数量、规格、型号不同的，都不能办理入库手续。

审核手续不完全可能会带来来历不明的物料。一旦这样的物料入库，仓库管理的负荷必然增加。而且问题产品入库之后，也可能会影响其他正常产品的储存和使用。

出库时没有提料单，或提料单是无效的，不能发放物料；手续不符合要求的，不能发放物料；规格不对、配件不齐的物料，不能发放。

在有些情况下配套仓储的物料被不当的提货单取走之后，其互补物料可能会造成浪费；缺失的部分属于常规配置、容易采买，还只是简单的财物损失；如果市场上不单独售卖缺失的部分，可能影响整个产品的功能，造成严重浪费。

（4）针对不同物料采用不同防护措施

这里主要是指针对不同物料采取防潮、防爆炸、防污染等防护措施。仓管人员首先应该因地制宜，结合当地的气候情况和物料特性选择适合的防护措施。以储存烟花爆竹的仓库为例，众所周知，烟花爆竹属于高危产品，所以，仓库内应该杜绝一切火源，还要注意减小地面的摩擦力度。同时，坚决不能聘请吸烟人士在内工作；取货拿货时，如果取货员有吸烟习惯，则不应该入内。除此之外，在内部防火防爆上建议设立防火分区，配备卷帘门，防止火势蔓延，造成大规模损失。仓库在保管这类产品时，过于干燥或湿润的环境都是不利的。干燥更易失火，湿润易使得产品受潮，造成资源浪费。还要防止此类产品超过保质期，否则危险系数会增加。

（5）及时修缮和更迭保管架、保管箱等器材

物料仓储过程中主要依赖两方面的工作才能避免物料损坏：一是仓库管理员的管理，二是保管设施的完善。

物料具有使用寿命，保管设施也有。只是一般情况下，保管设施的寿命长于物料的寿命。在物料的检查管理之外，仓库管理员要注意仓库货架有无缺损、螺丝有无松动、货架有无松动等现象。这些设施是承载物料的载体，保护好它们才能确保物料的安全。

仓管设施老化造成的保管不当是最应该避免的，这种情况一旦发生很容易造成意外伤害，比如物料或者产品坠落伤人，而且这种意外也是完全可以避免的。

（6）避免人为损坏

仓储损坏有自然损坏和人为损坏之分，人为损坏也分为无意损坏和有意损坏两种。一般情况下，人为损坏是指在取货拿货过程中对物料的损坏。对于这种情况，首先要提升物料保护意识，减少损失出现概率；其次，出台责任与赔偿的管理条例，必须由当事人负责。这种监督方式有利于改善一部分仓储人员的工作态度。

自然损坏的规避措施比较有限，而且要花费额外的费用。在采用适合的规避措施之后，仓库管理过程中应该允许正常水平的仓储损坏。

7.3.2 如何对物料进行消防管理

仓库由于人员、物料高度密集，属于易出现消防隐患的地点。消防管理对于仓管安全，保障其他各项工作的顺利开展具有重大意义。那么，仓库管理人员该如何进行消防管理呢？具体做法如图7-9所示。

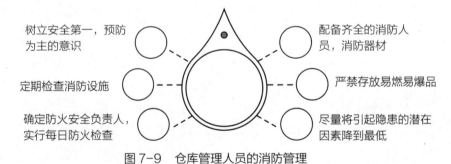

图 7-9　仓库管理人员的消防管理

（1）树立安全第一，预防为主的意识

消防事故不发生则已，一旦发生有可能人财两空。为了预防仓库此类事件的发生，应该积极开展消防安全培训活动，定期进行消防安全演练。同时，在物料

密集的区域应该张贴醒目的注意事项，在人员交接密集的区域不要堆放杂物，预防绊倒、引发安全事故。

（2）配备齐全的消防人员、消防器材

按照仓库实际所需配备消防人员，管理消防器材，发生火灾时负责灭火、人员疏散等工作。

仓库内消防人员的工作往往容易被人们忽视，然而发生险情时，他们的存在是重于泰山的。仓库外应该配备安保人员和消防人员，这样才能保障仓库内外安全。

（3）定期检查消防设施

部门应按照消防法规和消防部门的要求，对消防设施的配置情况进行检查，发现问题立即上报企业消防主管部门。

有的企业认为企业产品和物料属于相对安全的类型，因此对于仓库内部消防问题不以为意。灭火器常年未见更换的情况在各大部门中时有发生，这是不符合消防管理部门的基本要求的，也构成了部门内部的安全隐患。

（4）严禁存放易燃易爆品

库房区域严禁存放易燃易爆物品，易燃、易爆物品的使用地和贮存点，要严禁烟火，要严格消除可能发生火灾的一切隐患。维修设备需要动用明火时，必须采取妥善的防护措施，并经由主管安全领导批准后在专人监护下进行。

库房最常见的安全事故就是火灾，火灾由于发生突然、破坏力大，常常造成大范围区域损毁，包括库房周围的居民区等。一般库房内，应该完全禁止用火，还要预防空气干燥造成的物料自燃现象，建议在气候干燥的库房内准备空气加湿器等器材。

（5）确定防火安全负责人，实行每日防火检查

仓库范围如果较大，应该划区域分别管理，每个区域安排相应的负责人。负责人应该由具有消防知识背景的人员担任，定期将消防安全结果汇报给总负责人。仓库范围一般较大，物料密集，相比起来单位面积的负责人较少，所以最好配备有烟雾报警器等装置。这样，在人员巡逻检查之后，还可以随时监控仓库消

防情况。

同时，加强检查措施，尤其是节假日、周末和夜间等期间，消防例行检查不可忽略，检查内容和检查人数的确定要结合仓库实际情况，不可敷衍。消防检查人员的素质必须能够支撑该项任务的完成，这就要求不断对员工进行有针对性的仓库消防培训，防患于未然。

（6）尽量将引起隐患的潜在因素降到最低

员工下班时应切断办公设备、电风扇、加热器及各类办公电器的电源。最后离开库房的员工应在确认库区无人后关闭电源总开关并锁好大门。

日常电器使用安全也是容易忽视的消防问题之一。仓库内电器使用时间过长之后容易出现发热情况，所以如有库房使用大型器械工作，务必做好散热准备。

各位司机在下班时应对各自的车辆进行仔细的检查，特别要对车辆的油箱进行观察看看有没有漏油，临行前将车辆总电源关闭，在节假日，车辆尽量不要加油停放，并做好各项安全检查。

同时，应该及时做好线路检修工作，电器产品到了使用寿命必须按照要求更换，不能在库房内使用废旧电器产品，以防安全问题。尽量将出现火灾的因素降到最低。

7.3.3 ○ 如何设置合理的防盗系统

仓库是企业财产的集中地，然而失窃现象却屡有发生，有些犯罪分子专门瞄准仓库进行行窃，给企业带来巨大损失。每当遇到这种情况，仓库管理员不可避免地负有责任。因此，安装防盗系统非常重要，争取能建立一个多功能、全方位的防盗系统。

多功能、全方位的防盗系统如图7-10所示。

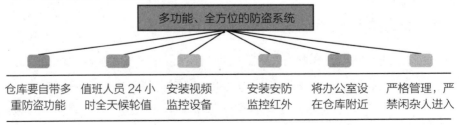

图 7-10　多功能、全方位的防盗系统

（1）仓库要自带多重防盗功能

仓库在最初建设时就应该考虑到安全的重要性，因为只有安全可靠的仓库才能降低失窃风险。根据仓库失窃的调查显示，那些被盗的仓库其安全系数普遍低于平均值。

安全门、防盗锁、报警系统的出现可以使大部分盗贼退却，因为盗窃成功的概率很低。不乏一些保管贵重物品的仓库，他们面临的是技术更加前沿的偷盗者，对于这种现象，只能是通过更高水平的安保措施来监管仓库安全。有必要的话可以使用指纹锁来保管特殊物料和产品。

（2）值班人员24小时全天候轮值

仓库防盗除了预防人多的时候盗贼"乱中取物"，还要考虑到夜深人静等人员稀少的薄弱环节盗贼"乘虚而入"。对于前者应该让外来人员进入仓库时做好身份证登记，出示相关证明材料等方式，严格管控进入仓库人员的身份。对于后者他们往往选择薄弱时期、趁人不备的情况下偷盗。对于这种情况，应该要注意加大节假日和夜间巡查力度，安装完善的自动报警系统进行监督。

（3）安装视频监控设备

安保设施应该有专人负责监管，像视频监控设备就应该由专人负责观看，如果有可疑人员出现，才能第一时间发现，向企业内部安保人员反映情况。

如果监控范围内发生纠纷，视频监控可以成为解决纠纷的重要证据，而且对于有盗窃意图的内外人员可以造成威慑。

（4）安装安防监控红外

在附近的围墙、进出口、窗户等地方可安装红外对射等安防监控新产品。仓库附近的安保措施除了保护仓库内部的安全之外，还应该意识到仓库附近很有可能存在安全威胁。围墙、进出口、窗户等地方，可能会成为容易被人忽视的安全盲区，安装红外对射等监控产品可以第一时间内发现问题人员。

同时，红外线安保设备的工作人员必须经过培训，严格按照操作流程，确保视频监控系统和红外系统正常运作。

（5）将办公室设在仓库附近

办公室设在仓库附近，目的是缩短单据传递的路程，特别是对于某些物料、产品价格昂贵的物料，如果在单据传送过程中发生了一次意外，那么涉事金额将难以估算。更为严重时，如果涉及物料因为单据丢失、篡改等情况出库了，对于下次订单的出库可能带来巨大的风险隐患。

仓库的办公室作为仓库的处理执行中心，对于仓库的平稳运行起着基础性作用。如果距离太远，仓库和办公室的沟通难度就可能加大，对于仓库紧急事件的处理上面可能带来不良的影响。

（6）严格管理，严禁闲杂人进入

仓库属于企业内部公共场所，其人员流动一定是各式各样的，但是进出仓库的相关人员应该携带相关证件，或者提供相关证明材料才允许进入。

考虑到仓库防盗问题的严峻性，进出人员的身份和仓库内财务保管的安全性密切相关，其能否提供证明身份的材料是能否通过仓库管理人员的审查进入仓库的标准。

同时，仓库内部工作人员也应该意识到仓库内部安全的重要性，不要带领无关人员进入仓库。无关人员未经过许可不能进入视频监控区域，非单位领导人员允许，严禁外人调阅声像资料。有关人员不能随意谈论视频监控内容，泄露秘密可根据后果的严重程度给予适当的惩罚。

7.4

库存成本控制：以最少存货获取最大利润

7.4.1 库存成本构成

库存是供应链环节的重要组成部分，指企业所储备的所有物品和资源，库存成本就是储存这些物品和资源所需的成本。由此可以得知，库存成本指存储在仓库里的物料所需成本，它包括的内容非常多，总体上可以分为5大类。

库存成本通常由5部分构成，如图7-11所示。

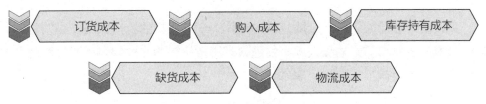

图 7-11　库存成本构成的 5 部分

（1）订货成本

订货成本亦称订货费用、进货费用，订货成本=固定费用+变动费用，是指从发出订单到收到存货整个过程中所付出的成本。如订单处理费用（包括办公费用和文书费用）、运输费、保险费以及装卸费等。

一般用订货成本的公式描述进货费用。订货次数等于存货年需求量与每次进货量之商。进货费用主要由两部分构成：固定费用和变动费用，具体内容如图7-12所示。

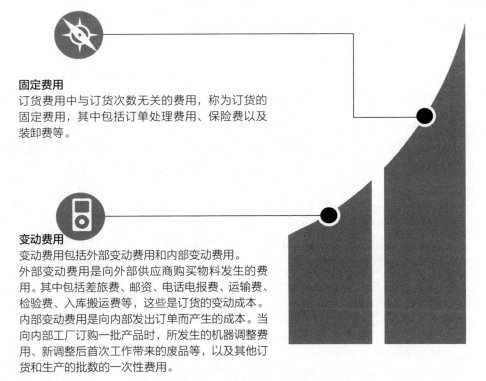

固定费用
订货费用中与订货次数无关的费用，称为订货的固定费用，其中包括订单处理费用、保险费以及装卸费等。

变动费用
变动费用包括外部变动费用和内部变动费用。外部变动费用是向外部供应商购买物料发生的费用。其中包括差旅费、邮资、电话电报费、运输费、检验费、入库搬运费等，这些是订货的变动成本。内部变动费用是向内部发出订单而产生的成本。当向内部工厂订购一批产品时，所发生的机器调整费用、新调整后首次工作带来的废品等，以及其他订货和生产的批数的一次性费用。

图 7-12　订货成本的两个主要部分

（2）购入成本

购入成本是指为了在预定地点（如仓库）获得物料的所有权而发生的成本，即物料本身的成本。影响购入成本的因素有所购物料的品种和规格、供应地点和运输方式、运输路线等。购入成本包括：物料的购价，实际运输和装卸费用及装卸过程中的损耗等。

一项物品的购入成本有两种含义：一是单位购入价格，二是单位生产成本。单位购入价格是因为物品购自外部，成本包括购价加上运费。单位生产成本是指物品由于是内部生产，总成本中包含直接人工费、直接材料费和工厂管理费用。

（3）库存持有成本

库存持有成本是指为保持库存而发生的成本，分为固定成本和变动成本。库存持有成本和库存数量密切相关，其中包括库存商品所占有的资金成本、库存服务成本、库存风险成本、移仓成本和仓储空间成本。

① 库存投资资金成本。库存投资资金成本是指库存商品或者物料占用本来可以用于其他投资的资金，这种资金是企业为了保持库存而舍弃的其他投资机会的资金。资金的来源渠道可能是内部筹集，也可能是外部筹集，外部筹集包含有销售股票和从银行贷款等。资金成本在库存持有成本中占据大部分比例，我们应该使用资金的机会成本来计算库存持有成本中的资金成本。

② 库存服务成本。库存服务成本由按物料金额计算的税金和为维持库存而产生的火灾和盗窃保险组成。通常情况下，税金的变动随着库存水平的变化而变化。库存水平受保险费率的影响较小。

③ 库存风险成本。库存风险成本包括如下4项，具体如表7-4所列。

表7-4　库存风险成本内容

项目	内容
废弃成本	是指由于再也不能以正常的价格出售而必须处理掉的成本。正常仓储过程中难免存在或多或少的废弃成本，虽然是一种资源的浪费，但是这是在所有仓库的运营过程中都不能规避的问题。如何降低废弃成本在仓储成本中所占比例的问题，才是最应该考虑的问题之一

项目	内容
损坏成本	是指仓库营运过程中发生的产品损毁而丧失使用价值的那一部分产品成本。仓库物品毁损问题涉及的金额可大可小，这和毁坏物品的数量与价值都有着密切的联系。毁坏物品的涉及数量大，毁坏成本就相对大；毁坏物品的价值高，毁坏成本的代价就大。此外还和物品的毁坏程度以及修复难度有关
损耗成本	是指因为盗窃造成的产品缺失而损失的那一部分产品成本。损耗成本中一般人为损耗占比较大，是由于盗窃以致直接无法找回，或者是在盗窃与找回的过程中发生了物品的损耗，甚至是无法修复的损耗
自然损耗	是指由于物料长时间暴露在空气中，受紫外线辐射等，即使采用了有关常规保护措施，依然面临着自然损耗的难题。但是这种类型的损耗在损耗成本中的占比较小，因为耗损时间比较长。同时，科学技术不断发展也使得保护措施越来越先进，损耗效率越来越低

④ 移仓成本。移仓成本是指为避免废弃而将库存从一个仓库所在地运至另一个仓库所在地时产生的成本，包括物料运输成本、人力搬运成本以及移仓过程中出现的物料损失和搬运工具的耗损等。物料运输成本涉及运输的距离和选用的交通方式的差异带来的成本；人力运输成本涉及物料的数量、质量，这些带来的搬运难度对于移仓成本的影响是不同的，同时，还受到市场上人力价格变动的影响。

⑤ 仓储空间成本。仓储空间成本包括那些随着库存数量变动的成本，它不同于仓库成本。仓储条件不同的情况下，仓储空间成本是不同的。仓储空间成本和四类常见设施相关：工厂仓库、公共仓库、租用仓库、企业自营或私人仓库。

仓储空间成本和仓库的选择有关。在工厂仓库条件下，仓储成本可以忽略不计；在公共仓库条件下，仓储空间成本基于移入与移出的产品数量和储存的库存数量来计算的。

在计算仓储空间成本时，在企业私营或私人仓库条件下，可以直接计算库存物料的库存持有成本；在租用仓库条件下，要根据租用他人仓库的时间和花费来计算仓储空间成本。

（4）缺货成本

缺货成本是指由于无法满足用户的需求而产生的损失。一般由两部分组成，一是生产系统为处理延迟任务而付出的额外费用，例如加班费、加急运输产生的额外运费等；二是延迟交货或缺货对企业收入的影响，如延迟交货的罚款、未能实现的销售收入等。

缺货成本面临着一系列的损失，像停工、拖欠发货、丧失销售机会、商誉损害等。

不同物品的缺货成本应该理智看待，因为在不同企业类型下，缺货成本的影响是不同的。类似超市等地方，他们的缺货可能是正常的运输、生产或者仓储的某个环节接应不上；但是在常见的手机市场上，或者是一些新开张的门店，他们常常运用一种被称为"饥饿营销"的战略，就是说故意营造出一种缺货的假象，进而引起消费者对于该产品更为强烈、迫切的需求。对于这种情况，其缺货成本不但可以忽略，甚至可以认为他们利用了缺货成本的噱头，放长线钓大鱼。

对于外部缺货，可能导致以下两种情况的发生：一是延期交货。延期交货根据延期时间的长短分为缺货商品在下次订货时得到补充和利用快递延期交货两种。二是失销。失销带来了直接损失与间接损失。直接损失就是说这批物料的销售利润损失；间接损失是比直接损失影响更为深远的损失，由于缺货，原有的订货商可能会投入同类型企业——也就是企业行业内竞争者的怀抱，而且在原有失销的基础上可能带来企业信誉损失，给下次的合作商调整带来不利的行业影响。

（5）物流成本

物流成本是产品在实物运动过程中，如包装、装卸、运输、储存、流通加工等各个活动中所支出的人力、财力和物力的总和。它是以物流活动的整体为对象的。

物流成本和其他成本相比较，有自己独特的区别。主要可归结为以下两点：物流冰山现象和效益背反现象。

物流冰山理论认为，在企业中，绝大多数物流发生的费用，是被混杂在其他费用之中的；而能够单独列出会计项目的只是其中很小的一部分，这一部分是可见的，常常被人们误解为物流费用的全貌，其实只不过是浮在水面上的、能被人所见的冰山一角而已。因此，我们可以知道物流成本的计算往往根据计算方法和范围的不同得出不同的数据。这也就提示在物流成本的计算过程中，物流成本计算条件的确定是至关重要的。

物流成本的计算条件包括以下3个，如表7-5所列。

表7-5 物流成本的计算条件的确定

条件	内容
确定物流范围	物流范围一般是指物流起点到终点的长度。人们常说的物流有原材料物流、工厂内物流、从工厂到仓库的物流和从仓库到客户的物流等，这个范围是很广阔的。原材料物流是指原材料从供应商转移到工厂时的物流；工厂内物流，即原材料、半成品，成品到工厂内的不同车间、不同地点的转移和储存。总之，物流成本在物流范围的确定——从哪里开始，到哪里结束，有着很大的影响
确定物流功能范围	物流功能范围是指在运输、保管、配送、包装、装卸、信息管理等众多的物流功能中，把哪种物流功能作为计算对象。把以上范围都作为计算对象和只把运输保管算作计算对象，所得出的数字是相差悬殊的。所以，物流功能范围往往内涵广阔，在确定物流成本时应该慎重考虑将哪些物流功能纳入计算范围
确定会计科目范围	成本计算科目的范围所指的是在会计科目中，把其中的哪些科目列入计算对象的问题。在科目中包含有外部开支和内部开支，外部开支包括运费开支、保管开支等，内部开支包括人工费、折旧费、修缮费、燃料费等。这其中涉及的开支项目种类繁多，将哪些种类纳入科目范围对于物流成本的计算也是有着不容忽视的影响的

考虑到这三方面的选择都会影响最终的物流成本的确定，在每次计算物流成本时建议按照统一的标准进行计算，否则可能会得出不实的结论，对于物流数据分析造成不良影响。同时，企业在确定物流条件时，应该立足企业实际情况，实事求是，得出适合企业实际情况的物流成本计算范围。

7.4.2 库存成本计算方法

库存成本是储存物品和资源所需的成本，它包括订货费、购买费和保管费。良好的库存周转可以提高库存周转效率、加快资金回转、降低企业运营成本。

为了提高库存周转，必须正确计算库存成本。常用的计算方法如图7-13所示。

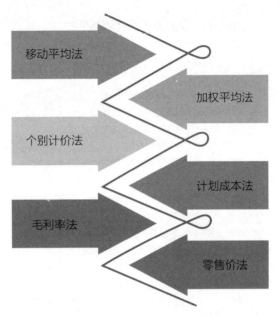

图 7-13　提高库存周转常用的计算方法

（1）移动平均法

移动平均法是存货的计价方法之一，即企业每次存货入库均要根据库存存货数量和总成本计算新的平均单位成本，并以新的平均单位成本确定领用或者发出存货的计价方法。

（2）加权平均法

加权平均法亦称全月一次加权平均法，是指以当月全部进货数量加上月初存货数量作为权数，去除当月全部进货成本加上月初存货成本，计算出存货的加权平均单位成本，以此为基础计算当月发出存货的成本和期末存货的成本的一种方法。

（3）个别计价法

个别计价法是指进行存货管理时，存货以单个价格入账。其优点在于计算发出存货的成本和期末存货的成本比较合理、准确；缺点主要是增加了原有工作量，困难较大。此类计价方法一般适用于珠宝、古董收藏等领域，因为只有物品的单个价值达到一定限度，才有必要使用正确性高的个别计价法。一般情况下，个别计价法对于容易识别、存货品种数量少、单位成本较高的存货计价是最适宜的选择。

（4）计划成本法

存货的收入、发出和结余均按预先制订的计划成本计价，同时另设成本差异科目，登记、分摊、按期结转实际成本与计划成本的差额，期末将发出和结存存货的成本调整为实际成本。

实际成本与计划成本之间可能存在3种情况，如表7-6所列。

表7-6　实际成本与计划成本之间可能存在的3种情况

存在的情况	解释
超支差异	实际成本高于计划成本，则实际资产>账面资产，在"材料成本差异"科目（资产类）的借方登记补足
节约差异	实际成本低于计划成本，则实际资产<账面资产，在"材料成本差异"科目（资产类）的贷方登记减去
相等	即实际成本等于计划成本

（5）毛利率法

毛利率法是指根据本期销售净额乘以上期实际（或本期计划）毛利率匡算本期销售毛利，并据以计算发出存货和期末结存存货成本的一种方法。

毛利率法一般适用于商品批发时，为企业计算本期商品的销售成本和期末库存成本。商品流通企业由于商品种类多的特性，一般来说，可以认为同类商品的毛利率大致相同，对于这种情况，采用毛利率法可以有效减轻工作量，提高效率。

（6）零售价法

零售价法指按照存货成本与零售价格的比率估计存货成本的方法。零售价法的使用企业主要是零售商和企业，像沃尔玛超市、中百仓储这类企业。

零售价法具有两个特点：一是在特定的销售部门范围以内，各项商品的标价提高数通常大致相同；二是凡是购进的商品都要求立即标明价格，以备上架陈列销售。

零售价格的变动方式如表7-7所列。

表7-7　零售价格变动的方式

方式	具体做法
标价提高	将首次存货成本价提至销售价，这个销售价格称为原始销售价格
标价再提高	从原始销售价格上再提高
标价提高取消	在标价再提高之后降低销售价格，降低幅度不能大于标价再提高的幅度
标价净提高	标价再提高合计减标价提高取消合计的差额
标价降低取消	在标价降低后提高销售价格，提高幅度不得大于标价降低的幅度
标价净降低	标价降低合计减标价降低取消合计的差额

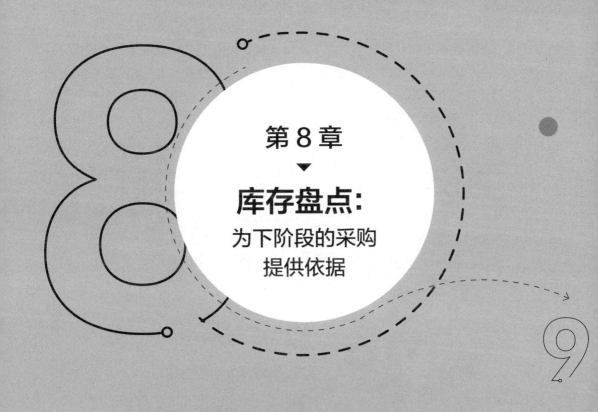

第 8 章

▼

库存盘点:
为下阶段的采购
提供依据

库存盘点目的是加强存货资产的管理,保证账实相符,保障存货资产的安全性、完整性、准确性,及时、真实地反映存货资产的结存及利用状况,更重要的是可为下阶段的采购提供确凿的依据,保证采购活动顺利进行。

8.1
库存盘点

仓库管理是物流管理中非常重要的一个环节，它的好坏直接体现了物流管理的水平，也体现了整个企业管理的水平。仓库内的物料周转效率越高，说明了企业产品的市场周转率越快，企业经营效果就越好，仓库内的物料差错率越低，保管率越好，说明企业的综合管理水平越高。

为了让仓库的管理工作细致，物料完好，数据准确，发挥仓库在物流中的效应，最重要、最基础的一个手段就是做好库存的盘点工作。所谓库存盘点，是指以月、年为周期，对公司库存商品、原材料进行盘点的一种作业，目的是精确计算当月、当年的营运状况，以便对仓储货品的收、发、结、存等进行有效控制，保证仓储货品完好无损、账物相符，确保企业生产正常进行。

可见，库存盘点对物流管理，乃至整个企业管理具有重要意义，具体体现在5个方面，如图8-1所示。

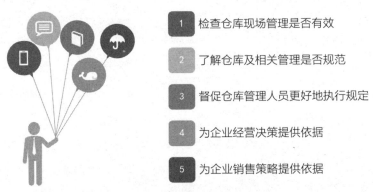

图 8-1　库存盘点对整个企业管理的意义

（1）检查仓库现场管理是否有效

每个企业对自己的物料都有一定的要求和特点，一般都会总结出一个最佳的保管、储运办法。这个办法最大的特点就体现在现场管理操作的方便性，并符合企业的要求，仓库的盘点越快越好，说明方法越佳。而如果越慢越理不顺，说明除了流程上存在问题外，仓库的现场管理也一定非常差，非常不符合规范要求。这个时候企业一定要做出及时调整，对仓库的管理进行必要的改进。

（2）了解仓库及相关管理是否规范

仓库盘点以后货损量大，就能说明仓库管理工作不认真，在工作中存在漏洞。通过分析盘点的缺损数据，追究相关的情况还能了解问题出现在什么地方，是仓库的管理不善，还是进出货的渠道中有不完善的地方，还是流转过程中存在问题，以便针对性地拿出解决方案，弥补管理漏洞。

（3）督促仓库管理人员更好地执行规定

正常化的盘点工作有严格的规定，仓库管理人员不敢有丝毫的懈怠，随时的缺损都能清楚地表现出来。仓库内物料的摆放，报废过期物料的处置，零散物料的处理是否正确、得当直接决定了仓库盘点工作是否能正常快速有效地进行，也是检验仓库管理人员是否认真工作的一个主要手段，同时决策者对盘点的时间进行掌握，就能了解到仓库内物料的摆放情况，对仓库的现场工作立即进行检查管理。

（4）为企业经营决策提供依据

库存盘点能让企业更加清楚地了解仓库物料的数量，从而为企业经营决策提供依据。财务账目中库存量的数据出自进出货单，而进出货单据是否准确，就在于进出货是否真正地从仓库这个环节得以良好的周转。盘点仓库能监督进出货单的准确性，也反过来检验仓库保管是否按要求做到出入库无失误，这是一个双向监管的过程。不盘点，也就等于把管理监督手段自动取消了。

（5）为企业销售策略提供依据

通过仓库的盘点，企业能掌握一个准确的数据，出入货量大的产品肯定是市场比较热销的，而压库时间比较长的产品，必是滞销物。在了解这些情况的基础上，企业可以做出相应的反应，调整自己的销售策略，改进自己的销售方向。同时，可以对滞销的产品进行清仓，尽量压缩库存，减少资金的积压，增加资金的流动性，让企业的产品处于良性的循环。

8.2

库存盘点的步骤

库存盘点是一项十分繁杂的工作，工作量往往十分巨大，因此，每次盘点之前都需要先制订完善的计划，然后，执行时严格按照计划，分步骤进行。

库存盘点的步骤大致可分为10个，如图8-2所示。

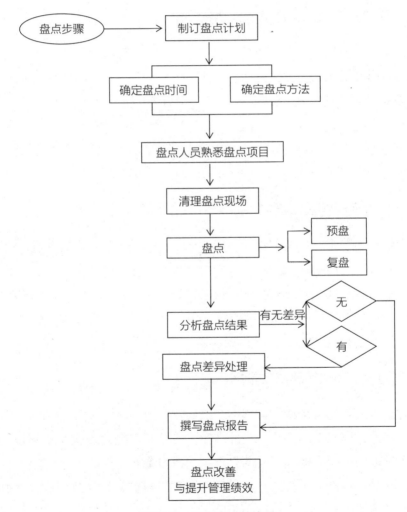

图8-2　库存盘点的步骤

（1）制订盘点计划

好的盘点计划可以保证盘点活动有序地进行，如果不重视盘点计划，盘点时就会乱成一团，有的在预盘阶段尚可勉强进行，一旦进入复盘阶段，没有计划地进行是绝对不可以的，不但影响复盘效率，更会直接影响到复盘效果。

一般而言，盘点计划多在复盘日期的一个月前就要具体拟订并且发布。

（2）确定盘点时间

盘点需要投入大量人力、物力、财力，大型全面盘点还可能引起生产的暂时停顿。所以，确定合理的盘点时间非常必要。

盘点时间要根据盘点物料的特性、价值大小、流动速度、重要程度来确定，既要防止过久盘点对公司造成的损失，也要考虑配送中心资源有限、商品流动速度较快的特点，在尽可能投入较少资源的同时，尽可能地缩短持续时间。

全面盘点以2~6天内完成为佳，间隔时间可以从每天、每周、每月、每年盘点一次不等。例如，A类主要货品每天或每周盘点一次；B类货品每两三周盘点一次；C类不重要的货品每月盘点一次即可。

另外，必须注意的问题是，行业内有两个相对固定的盘点日期：一个是财务结算前夕，通过盘点计算损益，以查清财务状况；另一个是销售淡季，因淡季储货较少，业务不太繁忙，盘点较为容易，投入资源较少，且人力调动也较为方便。

（3）确定盘点方法

因盘点场合、要求的不同，盘点方法也有差异，为满足不同情况的需要，也要选择不同的盘点方法。

（4）盘点人员熟悉盘点项目

为保证盘点的效率和质量，盘点人员必须熟悉即将盘点的项目。让盘点人员熟悉盘点项目的最佳方法就是在正式开始盘点前，对盘点人员进行培训。

培训可以分为两部分：一是针对所有人员进行盘点方法及盘点作业流程的训练，让盘点作业人员了解盘点目的、表格和单据的填写；二是针对复盘与监盘人员进行认货品的训练，让他们熟悉盘点现场和盘点商品，对盘点过程进行监督，并复核盘点结果。

（5）清理盘点现场

盘点开始之前必须对盘点现场进行整理，以提高盘点的效率和盘点结果的准确性，清理工作主要包括以下6个方面的内容，具体如表8-1所列。

表8-1　清理盘点现场的工作内容

序号	内容
1	对已验收入库的商品进行整理，归入储位；对未验收入库属于供货商的商品，应区分清楚，避免混淆；对残次品，应进行清理、归类放齐；对退货商品应及时处理，暂无法退货的应进行标识；对赠品，则进行清理并单独存放加以标识
2	盘点场关闭前，应提前通知，将需要出库配送商品提前做好准备
3	账卡、单据、资料均应整理后统一结清以便及时发现问题并加以预防
4	预先鉴别变质、损坏商品，及时从店铺中清理出报废品。对储存场所堆码的货物进行整理，特别是对散乱货物进行收集与整理，以方便盘点时计数。在此基础上，由商品保管人员进行预盘，以提前发现问题并加以预防
5	整理内仓、货架上的商品陈列
6	清除店铺内的死角

（6）盘点

盘点包括预盘和复盘两个部分，预盘顾名思义是初次盘点，复盘即在预盘的基础上再次盘点。

①预盘。预盘一般由仓库人员执行，但很多时候也不仅仅限于仓库人员，应该有生产部门人员参与，因为现场难免仍有在制品。原则上，半成品、余料以及成品，在盘点前最好已经回缴仓库，但有些企业则仍留在现场待盘点。

此外，采购与托外加工主办人员也要参与预盘，因为有些托外加工的物料，仍留在托外工厂内，只有采购与托外加工主办人员才清楚具体情况。

②复盘。预盘完成后就可进入复盘阶段。复盘工作多由企业指派与被盘点部门权责不相干的其他部门人士担任。例如物料仓库，大多由人事、营业、设计等部门人员去担任，因为后两者与物料仓库关系较为密切，有"瓜田李下"之嫌。

复盘工作较为单纯，即根据预盘阶段的"盘点单"去复查。复盘者可以要求被盘者逐项将料品卸下，深入清点，再记入实际状况，填入"复盘"有关字段内。一般撕下"盘点单"一联，企业留存。

（7）分析盘点结果

盘点工作是账务与实物之间的一个衔接点，当发现账务与实物出现差异的时候，就要查明原因，做出处理结果。不同的差异原因得出不同的处理结果，主要的处理结果有账务调整、补充单据、盘亏赔偿损失等。

盘点差异是指初盘和复盘结果不一致，如果盘点结果符合事实，账物相符，复盘后盘点工作就基本告一段落；但如果盘点结果账物不符，而且差异超过容许误差时，就要进一步查清原因，找出产生差异的原因，将一段时间以来积累的作业误差，及其他原因引起的账物不符等问题彻底解决掉。

一般来讲，产生盘点差异的原因主要有如表8-2所列的6个。

表8-2　产生盘点差异的原因

序号	内容
1	记账员素质不高，记录数据时发生错记、漏记等情况
2	账务处理系统管理制度和流程不完善，导致货品数据不准确
3	盘点时发生漏盘、重盘、错盘现象，导致盘点结果出现错误
4	盘点前数据未结清，使账面数不准确
5	出入仓作业时产生误差
6	由于盘点人员不尽责导致货物损坏、丢失等

（8）盘点差异处理

查清有差异的原因后，为了使账面数与实物数保持一致，需要对盘点盈亏和报废品一并进行调整。除了数量上的盈亏，有些商品还将会通过盘点进行价格的调整，这些差异的处理，可以经主管审核后，用以下方法进行更正。

盘点差异处理应由主管或其指定的不同人员去做第三次盘点，填写红色单，注明第三次盘点。若还有差异则由不同的人重复上述动作，并注明是第几次盘点，直至正确。无差异后主管签名，由录入组进行确认。

（9）撰写盘点报告

盘点报告是在整个盘点过程的基础上，为进一步核实库存材料的实际情况和使用效率，为未来工作获得真实的数据，并发现问题，拟在后续的工作中加以改进，而撰写的书面文件。

盘点报告模板如图8-3所示（以某超市盘点为例）。

××超市存货盘点报告

盘点基准日： 年 月 日 盘点时间： 年 月 日
盘点范围：××超市的全部存货或者某货品的库存数量

盘点方法：
（1）使用库存管理软件，通过各种基准条件查询出全部货品的理论库存数量，然后通过人工在仓库中的实际盘点数进行一一对比，判断是否存在数量或重量上的误差（损耗）。
（2）将盘点结果与盘点日财务账面记录进行核对，寻找并分析差异原因，判断盘点结果是否可以接受。

盘点情况：
（1）仓库的存货摆放基本整齐，货品保存完好，无明显残破毁损情况；盘点人员对货物的品种、摆放等情况熟悉；
（2）盘点结果：账面数量与初次盘点的实际数量存在差异；
（3）差异原因主要为：
①超市商品一般失窃现象比较严重，这是造成差异的主要原因；
②盘点中商品编码记录有误，造成漏盘、误盘等；
③盘点时计量、记录出现错误；
④盘点结果录入时出现差错。

图 8-3 ××超市存货盘点报告模板

（10）盘点改善与提升管理绩效

盘点不应该仅限于资产的结算及财务报表的用途，而应该有更高层次的目标，那就是改善物料管理问题，提升物料管理水准；尤其"实地盘点"劳师动众，产销活动甚至不得不停下来，没有精打细算是不行的。

8.3
库存盘点的方法

库存盘点常用的方法有两种。

一种是账面盘点法，是指将每一种商品分别设立"存货账卡"，然后，将每一种商品的出入库数量及有关信息记录在账面上，逐笔汇总出账面库存结余量。

另一种是现货盘点法，是指对库存商品进行实物盘点。而现货盘点法具体又包含多种方法，如图8-4所示。

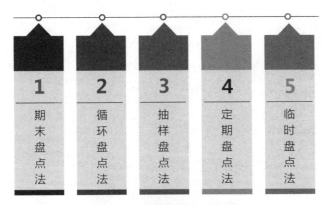

图 8-4　现货盘点的 5 种方法

（1）期末盘点法

期末盘点法是指会计计算期末统一清点所有商品数量的方法。由于期末盘点法是将所有商品一次点完，因此工作量大、要求严格。通常采取分区、分组的方式进行。分区即将整个储存区域划分成一个一个的责任区，不同的区由专门的小组负责点数、复核和监督。

因此，一个小组通常至少需要本人分别负责清点数量并填写盘存单，复查数量并登记复查结果，第三人核对前二次盘点数量是否一致，对不一致的结果进行检查。等所有盘点结束后，再与计算机或账册上反映的账面数核对。

（2）循环盘点法

循环盘点法是指在每天、每周清点一部分商品，一个循环周期将每种商品至少清点一次的方法。循环盘点法通常对价值高或重要的商品检查的次数多，而且监督也严密一些，而对价值低或不太重要的商品盘点的次数可以尽量少。

循环盘点法一次只对少量商品盘点，所以通常只需保管人员自行对照库存数据进行点数检查，发现问题按盘点程序进行复核，并查明原因，然后调整。也可以采用专门的循环盘点单登记盘点情况。

（3）抽样盘点法

抽样盘点法是指由审查单位或其他管理单位所发起的突击性质的一种盘点方法。目的在对仓储管理单位是否落实管理工作进行审核。抽样盘点可针对仓库、料件属性、仓库管理员等不同方向进行。

（4）定期盘点法

定期盘点法又称闭库式盘点法，即将仓库其他活动停止一定时间，对存货实施盘点。一般采用与会计审核相同的时间跨度。

（5）临时盘点法

临时盘点法是因特定目的而对特定料件进行的盘点。

要得到最正确的库存情况并确保盘点无误，可以采取账面盘点与现货盘点并行的方法，以查清误差出现的实际原因。

8.4

库存盘点的策略

8.4.1 定期与不定期相结合

定期盘点与不定期盘点的结合，大大保证了盘点时间的全面覆盖，大大减小了物料在某个特定时间遭到损坏、破坏的可能性。

（1）定期盘点

定期盘点是在约定的某个固定时期内，对全部物料进行盘点的一种方式。这是一种全面而彻底的盘点方式，这种方式的优点是准确度高、全面而彻底，很少出现遗漏；缺点是动用仓库内大量人力，而且工厂必须停产配合盘点工作的进行。定期盘点的盘点方法有3种，如图8-5所示。

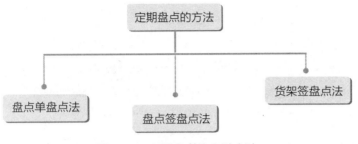

图 8-5　定期盘点的 3 种方法

①**盘点单盘点法**。盘点单盘点法是以物料盘点单为准来记录盘点结果的盘点方法。这种盘点方法记录盘点结果，在整理列表上十分方便，但是给盘点过程的实施增加了困难，如容易出现漏盘、重盘、错盘的情况。

②**盘点签盘点法**。盘点签盘点法是指盘点中采用一种特别设计的盘点签，盘点后贴在实物上，经复核者复核后撕下盘点签的盘点方法。这种方法对于物料的复盘核对与常规盘点是有利的，使盘点结果相对而言既方便又准确，便于紧急物料的照发、临时物料的照收，对于核对账目与制作报表也相当方便。

③**货架签盘点法**。货架签盘点法，是以原有的货架签作为盘点工具，不必特意设计盘点标签的盘点方法。此种盘点方式既方便又可免去设计标签。

（2）不定期盘点

不定期盘点亦称临时盘点，是指事先未规定日期，而是根据需要临时对商品、物料所进行的盘点。以下4种情况下，一般要进行不定期盘点，如图8-6所示。

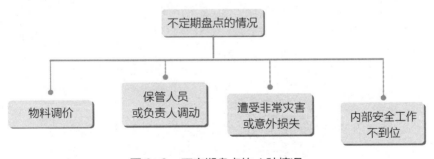

图 8-6　不定期盘点的 4 种情况

①**物料调价**。物料调价亦称"政策性调价"。根据国家的物价政策和上级规定，对经批准的商品进行政策性的提价或降价。物料调价会影响销售产品在市场

上的定位，同时影响销售数量的变化。

②保管人员或负责人调动。主要负责人的变动首先要进行交接工作，将自己所管辖区域的基本情况的数据转交给下一任负责人，下一任负责人本着负责任的原则需要对相关物料进行盘点，这种盘点方式就是属于不定期盘点的一种。

③遭受非常灾害或意外损失。因为物料往往会遭受到不能预料的天灾或者意外，所以需要不定期盘点。这里的不定期盘点是根据仓库实际情况盘点，以在意外来临时确保对于损失第一时间掌握，方便进一步采取最佳应对方案，减小企业损失。

④内部安全工作不到位。不定期盘点除了考虑外在的天灾人祸之外，还要考虑仓库运行的内部安全，确保内外安定。

首先，是出现库存差错，先要预估仓库的损失，随后去仓库盘点、核对真实情况，进而根据情况分析原因。

其次，是发生了贪污盗窃问题，这种不良行为往往涉及的数额比出现差错的情况损失更严重。贪污和盗窃往往是有预谋的行为，而且目标很明确，如果涉及内部人员，仓库的损失一般是惨重的。这时候的盘点不仅仅涉及货物盘点，还包括人员内部检查。

最后，出现营私舞弊行为。营私舞弊常常是仓库部门内部拥有相应职权的内部人员所为，而且营私舞弊涉及的金额往往也是庞大的。

8.4.2 开库与闭库相结合

开库盘点与闭库盘点是完全互补的，它们的结合丰富了物料的盘点方式，保证物料的盘点不会遗漏。例如，有的物料不适合开库盘点，只能闭库进行；有的不适合闭库进行，那就要进行开库盘点。

（1）开库盘点

开库盘点是在物料进、出正常时进行盘点的一种方式，其最大特点就是物料进、出不间断。

①开库盘点的要求。这种方式不追求效率，要求循序渐进，耗费时间较长。因此，采用这种盘点方式对物料有明显要求，即存货量要大，便于分类。

a.存货量要大。开库盘点一般会将仓库内大数额的货物先分为若干小类型，一次只盘点其中一小类，然后日日循环往复，直到全部盘点完成。因此，开库盘点法属于循环盘点法的一类，属于周而复始连续盘点库存物料。

b.便于分类。采用开库盘点这种方式时，要对物料进行分类，按照物料的重要性程度划分。优先盘点流动性强、价值大的物料，流动性弱、价值小的物料则适当延后盘点；对于高额的、流动性快的物料频繁盘点，对于低额的、流动性慢的物料则不必过于频繁，规划好盘点间隔期限和允许的误差范围，进行强度不同的轮番盘点。

②开库盘点的注意事项。在运用这种方式时还要注意一些事项。

a.盘点不要有所遗漏。开库盘点是按照物料的种类、批次划分不同时间的盘点，不是一次两次就能完成盘点工作的。但是，如果前期分类时遗漏了部分物料，那就无法盘点到这部分物料，最终库存数量的准确性也就失去了保障。

b.不能忽视盘点频率。盘点频率究竟是一天一次、一星期一次、一个月一次、一季度一次还是一年一次，这是难以统一规定的。应该结合实际情况才能做出抉择，但是一般性的指导原则是根据物料的重要性等因素设置循环频率。企业中总有一些物料是滞销的、低价值的，这种物料的盘点，一个月一次就有点小题大做了；对于一些流动性强、价格高昂的物料，一个月一次就有点轻视它的重要性了。

（2）闭库盘点

闭库盘点是指在盘点前需要提前通知物料所属部门，并令其将已开出的物料领取完毕，然后停止一切活动配合盘点。盘点周期一般采用与会计审核相同的时间跨度，如半年一次（上市企业）或一年一次（非上市企业）。

闭库盘点成本低，这是由于这种方式多适用于统一订单、集中订单，多个物料往往通过一份订单来处理。对于这样的物料，盘点起来成本可能会降低。

闭库成本除了基本的购买材料费用、人工搬运费用、物流费用等基础性费用之外，还有工本费以及各部门的人工支出。不同订单的物料处理意味着花费更多的人力、物力、财力，必然导致盘点成本增加。通常情况下，多个订单盘点时，往往采购数量不会太大，对于供货商来说首先是缺乏合作的吸引力，导致供货商合作意愿和合作态度不会特别好；其次是一旦单次购入物料、产品的数量较少，会给供货商造成一定的运费压力，无论是最终运费是否由供货商承担，都浪费了资源和时间。

同理，统一订单、集中订单多能享受到供应商的供货优惠。供应商往往愿意为大批量采购、长期合作的商家提供最大限度的优惠和折扣，这也直接决定了盘点成本降低。

单批次采购同类型商品可能给物流费、工本费带来比较大的压力。但如果将不同类型的物料整合成一份订单，一次性的采购数量上去了，商家可能会愿意提供额外的优惠政策，不仅仅解决了基础性支出费用昂贵的问题，还可以和供货商通过合作关系分摊风险，甚至为长期合作积累资源。

8.4.3 ○ 全面与连续相结合

全面盘点和连续盘点的区别在于盘点规模、盘点时间段的不同。前者是大规模盘点，次数少，多出现在企业处于比较特殊的时期，如年终结算、撤销合并、清算资产等；后者是小规模盘点，时间上也没有特别的规定，可以是企业有计划地进行，也可以是临时决定。

（1）全面盘点

全面盘点又称整体盘点，是对企业所有物料或存放在本企业的所有财产、物料进行全面清查、盘点和核对的一种方式。因此，这种盘点方式规模较大、牵涉人员多。正因为这些特点，全面盘点出现的频率低，往往只有在必要时才进行。

那么，全面盘点通常在什么时候进行呢？一般出现下面5种情况时需要进行全面盘点，如图8-7所示。

年终决算，编制年度会计报表前

撤销、合并、分立或隶属发生改变时

企业清产核资或进行资产评估时

企业发生其他重大体制变更或改制时

企业或部门主要负责人调离工作时

图8-7　需要进行全面盘点的5种情况

①年终决算，编制年度会计报表前。全面盘点多在年终决算之前。这时候大部分企业都要进行内部全面盘点，为年终决算做好数据准备和实地盘查。编制年度会计报表时，需要搜集年度采购、生产、物流、仓储等各个环节的数据，因为年度报表是企业下一年工作的规划，必须谨慎调查、小心求证，否则数据上的错误将会给企业下一年的年度工作带来困难。

②撤销、合并、分立或隶属发生改变时。当企业产权关系发生转移时，行政、仓储等各方面工作都要进行具体交接。但是这种情况下全面盘点的机会不多，因为企业的产权情况一般是比较稳定的。

这时候的全面盘查是对企业所有资产的盘查，包括已变现和未变现的各项资产。企业所有的这些资产合起来构成了企业价值，全面盘查这些剩余的价值有利于企业在破产时、合并时找到最佳定位。

③企业清产核资或进行资产评估时。企业在壮大过程中需要及时进行全面资产盘查，同时，在企业清产核对时也需要了解资产情况，也要进行全面资产盘查，资产盘查的结果可以算作短时间内的企业市场价值。明确资产评估的结果对于企业的继续运营是有好处的，它有利于企业确定下一步的经营方案，有利于和市场中的不同水平的企业合作，还有助于企业招商引资、规避风险等。

④企业发生其他重大体制变更或改制时。企业重大变更或改制可能带来内部诸部门的变更，只有全面盘查才能更好地了解企业的基础水平，从而确立企业进一步的经营战略。同时，体制变更和改制意味着相关主管人员的重新洗牌，难免需要各部门具体数据交接，以便于各部门负责人的重新上手管理。

⑤企业或部门主要负责人调离工作时。主要负责人的调任要将基本情况汇总，新上任的负责人需要了解部门情况，在原有负责人的数据交接之后，新上任的负责人应该在原负责人未离开之前核对好相关数据。其次，原有数据的搜集也是为了给新负责人进一步的管理提供经验，因为原有经营数据是反映企业实际运营情况的一个标本。

（2）连续盘点

连续盘点是循环盘点的一种，是将物料逐区、逐类、分批、分期、分库连续盘点。这种方法的最大优势是可充分利用间隙时间工作，盘点人员每日只需要花费少量时间，基本上不会妨碍物料收、发工作的正常进行，同时还可以将年度集中盘点的繁重工作有节奏地分散到平时的日常工作中。

如果对连续盘点法进行细分的话，又可以分为3种，如图8-8所示。

图8-8　连续盘点的3个类型

①ABC分类法。ABC分类法是根据事物在技术或经济方面的主要特征，进行分类排队，分清重点和一般，从而有区别地确定管理方式的一种分类方法。由于它把被分类的对象分成A、B、C三类，所以又称为ABC分析法。

②分区分块法。为了提高盘点的效率，将库存项目按所在的区域分组，这种方法常用于分区存放系统以及在制品或中间库存的盘点。对每个区整个盘查一次，并与库存记录相比较，分区管理员以一个固定周期进行盘点。

③存放地点审查法。通常每个库房内都有很多库位。如果物料放错了地方，正常的周期盘点就不能进行，存放地点审查法用于准确地确定物料的有效性。使用这种方法时，所有库位都做了编号，每个盘点周期对特定的物料进行检查，通过对每个库位上的物料代码与库存记录中的进行比较，核实每项物料所在的库位。

连续盘点法有既定的实施程序，具体如下。

a.每日任意地抽出以10为单位的物料进行盘点，在一个月内记录完全部的物料；

b.计算抽出来的物料的实际库存数量；

c.把库存的实数和电脑里的数据对照，找出差异；

d.若有差异，就要追究其原因，最后还要把电脑里的数据和仓库里的实物进行对照。

8.4.4　随机与永续相结合

随机盘点与永续盘点的结合体现的是局部与整体的关系，随机盘点是对物料样品进行盘点的一种方式，永续盘点是对所有物料进行盘点的一种方式。

（1）随机盘点

随机盘点是一种对随机抽取的物料样品进行盘点的方式，盘点对象是样品，因此又称随机抽样盘点。这种方式具有时间短、效率高的特性。

随机抽样盘点的范围大都是仓库内所有物料，而且所抽取样品与所有物料的产品类型、数量比例要适当，不能有所偏颇，否则盘点的结果就会不准确。设想一下，如果局限于局部抽查，那么，得到的样本数据不够真实；因此，所选样本必须具有代表性，涉及范围也要具有真实性。

随机盘点的结果应该是公开的、透明的，随机盘点的过程中要有各方代表两人以上的统计结果，互相制衡，不可篡改盘点结果。

随机盘点之后的结果出来后，建议在企业显眼位置张贴一星期以上，在日常工作中检验盘点结果，如有异议，应该向仓管部门反映，要求调查可疑之处。

虽然随机盘点是广泛运用于仓储管理的盘点方法，但也有其局限性。由于是随机盘点，因此不能完全反映出真实情况，与逐一盘查法相比，得出的结论无法给出具体的数字。

再者，如果大型企业采用随机抽样盘点，实施起来会比较困难。对于大型企业，建议分阶段完成。比如，划分区域抽样、划分种类抽样等，在完成阶段性抽样任务后，再将数据综合起来，算出相应的数量和比例。这样得出来的数值最具有真实性。由于随机抽样比一次性抽样的工程量大得多，建议保管好抽样数据，做好备份工作，否则该部分工作就要重新开始，影响盘点工作进程。

（2）永续盘点

永续盘点又称"账面盘存制"，它是对于资产的增加和减少，根据各种有关凭证，在账簿中逐日逐笔进行登记，并随时结算出各种资产账面结存数额的一种方法。

永续盘点是为了库存物料在数量上保持一个连续不断的记录。每当库存物料发生变化时，都要进行记录。最后将订货量与库存量相比较，如果库存等于或小于再订货点就发出一份固定批量的订单；如果库存大于再订货点就不需要重新订货。

永续盘点作为一种需要时时盘点的方式，要将盘点结果与计算机内的连续记录进行比较分析，工作量是比较大的，任务也是比较繁重的。

其适用范围往往是具有价值高或严格控制的特性的物料，也就是 A 类物料。库存的核对盘点与物料的使用频率相关，对于使用率低的物料无须太多关注。

存货的核算一般采用永续盘点法。但是无论采用何种方法，前后要保持一致，随便混用的话，得出的数据就没有可比性和失去了意义。在采用这种盘查制度时，要按照资产项目设置明细账，对各类资产收发、结存数量予以记录。

永续盘点可以定期或不定期进行，通常在生产经营活动的间隙时间盘点。其优势是便于资产的监督和管理，通过对资产项目设置明细账目，存有详细记录，可以有效地反映和掌握各种资产收发、结存的数量和金额。

但是它也有不足之处，比如对于品种规格繁多的物料、产品的盘查工作量大。出于自然和人为因素，不排除有"账实不符"的情形出现。所以，一般在永续盘点的基础上，还要对财产物料进行实地盘点，以便查明是否有盘盈或盘亏。因此，我们可以认为永续盘点离不开实地盘点。

永续盘点在入库时进行，一般入库不全检，抽检一部分就上货架了，或者就放在固定的一个区域里面。最好是入库的时候把数量点一点，顺便看一看质量，看完以后就放一个位置，与保管卡核对。永续盘点公式是：期末结存数=期初结存数+本期增加数−本期减少数。在该公式的指导下，永续盘点才得以对存货的核算问题掌握基本数据。

8.5

呆废料管理

8.5.1 呆废料的概念

在仓库的日常巡视管理中，其中一个是呆废料管理。呆废料的管理要做到物尽其用，减少挤压、浪费，降低企业成本。因此，对呆废料进行科学管理就显得非常重要。

对呆废料进行管理首先要明确其定义，这将有助于呆废料管理工作的开展。那么，什么是呆废料呢？可以将呆料和废料拆分开来理解，如图8-9所示。

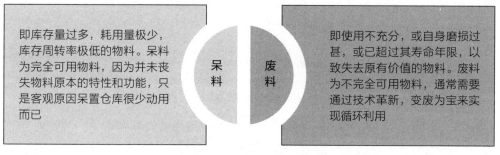

即库存量过多，耗用量极少，库存周转率极低的物料。呆料为完全可用物料，因为并未丧失物料原本的特性和功能，只是客观原因呆置仓库很少动用而已

呆料　废料

即使用不充分，或自身磨损过甚，或已超过其寿命年限，以致失去原有价值的物料。废料为不完全可用物料，通常需要通过技术革新，变废为宝来实现循环利用

图 8-9　呆废料的通用定义

图8-9所示的定义是通用概念，具体到不同的行业、企业，又有不同的理解，定义也略有不同，甚至完全相悖。比如，甲企业的呆废料在乙企业的生产条件下可能就是正常物料，足以变废为宝。

因此，对于呆废料的理解还得结合不同行业的实际情况。下面将根据行业的划分，对呆废料的定义进行进一步阐述。

（1）工业

工业企业在运营过程中，常规的呆废料一般被称为工业垃圾，主要是机械、轻工及其他生产、仓储过程中出现的固体废弃物，如机械工业切削碎屑、研磨碎屑、废型砂等。

（2）农业

农业企业的呆料包括被禁止使用的农药、化肥，滞销的季节农作物等。农业企业的废料主要包括农作物残体和动物便溺。农业废弃物是农村燃料的一个主要来源，因为农业废弃物是纯天然产品，往往燃烧之后不仅仅可以大大减少占用耕地面积，还能给土地增肥。农业废料主要是松散体，包括秸秆、稻壳、锯屑、蔗渣、树叶等。

（3）服务业

服务业相比于其他类型的企业，产生的呆废料量较少，而且产生的数量在同行业内相差不大。由于服务业主要是提供商品和服务，依靠人与人之间相交往获得利润，服务业的呆料较少，一般在产品销售环节，由于市场临时出现变化才会产生。市场的变化可能是信誉受损、国家政策感召等因素所致，从而制约了消费者的购物选择。废料的出现，则是必然的、无法避免的。服务业废料往往是生活垃圾等。

（4）零售业

零售业呆料往往也和市场变化情况紧密联系。市场情况佳，呆料就相应少；市场情况不佳，零售业也受到困扰。零售业废料和零售的商品有关，例如服装产业，呆料主要是不再时兴的服装或者是由于各方面因素滞销的服装；而废料则是在制造、运输等过程中出现破损或毁坏的服装。

（5）交通运输业

交通运输业的呆料一般是闲置的交通工具，比如公交车、共享单车、大巴车等，废料则是生产过程中由于生产失误造成的废弃交通工具。

（6）餐饮业

餐饮业呆料包括两类：一是未投入使用，超过了保质期的原料；二是未售出的产品。而餐饮业的废料一般是商品加工过程中的残渣，由于生产操作失误而未成型的产品，在运输过程中使得商品质量受损的商品等。

一般的餐饮业都或多或少有对商品和原料临近保质期的担忧，对于这些呆废料的处置一般可以通过和养殖场合作的方式来解决。这样既可以避免浪费食物，也可以得到一些利润补偿，减轻企业负担。

（7）建筑及安装业

建筑和安装业的呆废料范围主要包括泥土、石块、混凝土块、碎砖、废木材、废管道及电器呆废料等。这类企业的呆料一般由建设单位自行处理，但是有相当数量的建筑和安装业废料进入城市垃圾中。

（8）旅游业

旅游业是一个呆废料比较少的行业。这个行业涉及的呆料主要是旅游淡季时景点内滞销的合作商品，尤其是滞销食品。一般景点内的商品难以低价处理，一是为了保护旅游景点的品牌性，二是面临着不好找市场的问题。旅游业的废料则是一些旅游景点人员住宿带来的生活垃圾，在不提供住宿的地方可能就是游客游览时随手扔下的生活垃圾。

（9）医疗卫生业

医疗卫生业由于受到国家政策干预，一般只有少量呆料。其产生的原因可能是医药的研发、批准进程中，逐渐淘汰了部分医院内储备的药物、器材，这种情况对于小地方的医院可能更为常见。医疗卫生废料属于特殊废料，每天产生的数量并不少，包括针头、棉签、柳叶刀等医疗耗材。

8.5.2 ● 明确呆废料产生的原因

为了减少呆废料，避免造成不必要的物料浪费，最先需要做的就是明确呆废料产生的原因。只有明确原因才可能追根溯源，从源头上彻底解决问题。

呆废料的产生大多出现在两个环节：第一个是采购初期，由于采购计划不周所致；第二个是后期，由于保管不当所致。

（1）采购计划不周

采购计划不周是指企业采购部门及人员制订的采购计划管理不当或不科学，导致采购中的各种计划产生风险，即采购数量、采购目标、采购时间、运输计划、使用计划和质量计划等与采购目标发生较大偏离。

偏离程度越小对于企业越有利，而偏离程度大则意味着产生呆废料的可能性越大。采购计划不周集中体现在3个问题上，如图8-10所示。

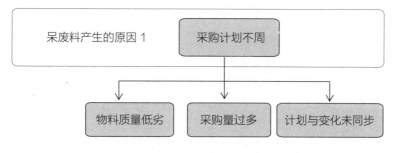

图 8-10　呆废料产生的原因 1

①物料质量低劣。物料质量低劣直接导致出现呆废料，而物料质量低劣源于四个方面的原因。首先是供应商的产品优劣和对于供应方评定体制的完善程度、

供应商对待产品的前后态度。其次是采购合同是否严谨，产品要求是否准确和清晰。再次是采购件生产管理是否得当，有些产品的特殊要求能否落实。最后是企业对于供应商的过程监督是否到位，质量问题的处理方法是否合理。

②采购量过多。采购量过多可能会积压库存，造成短时间内物料的消化不良。采购量过多可能是采购计划的制订出现了问题，比如采购计划与市场的实际变化脱轨等。

③计划与变化未同步。这里的计划与变化不同步的意思是，生产计划临时更改，而采购计划未进行相应调整。生产与采购环环相扣，某个环节的突变都会影响整个生产过程。生产计划若是超出原定计划，采购数额少于现有的生产计划，未能生产出足够数量的产品，可能影响市场竞争力，错过竞争时机；生产计划若是小于原定计划，采购计划按照原计划进行，则可能带来仓库积压、原材料浪费问题，对于企业利益也会造成损害。

（2）物料保管不当

物料保管不当是产生呆废料的直接原因，绝大部分呆废料都是保管不当导致的。物料保管不当也集中体现在两个方面：一个是存量控制不当，另一个是仓储管理不当，如图8-11所示。但无论是前者还是后者，都会面临出现呆废料的风险。

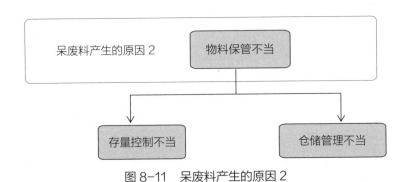

图8-11　呆废料产生的原因2

①存量控制不当。存量控制要考虑仓库内既有的产品和物料，也要规划好仓库补充的产品和物料的速度与数量，同时，应该要考虑生产车间平均物料消耗水平。由于考虑的常规因素涉及较多的方面，有关人员应该结合企业实际情况考虑存量控制的主要方面，不可舍本逐末，忽略主要因素。

②仓储管理不当。仓库管理不当可能带来仓库混乱，仓库混乱主要有三种情形：一是仓库混乱，二是冗余库存，三是物料废弃。造成仓库管理不当或混乱的原因，主要包括制度执行不到位和人员管理不善这两个方面。

由于现有制度执行不到位，导致物料采购不够合理，采购计划管理缺乏准确性、预见性，如物料储备不够合理，包括种类上的不合理和数量上的不合理、比例上的失调，退回的物料处理机制不够完善，造成物料严重浪费现象，同时，仓储人员的业务水平和能力有待提升。

8.5.3 呆废料的处理办法

呆废料大量存在大大增加了企业的库存成本，使企业蒙受巨大损失。因此，当发现呆废料后应该及时处理。需要注意的是由于呆废料的使用价值不一样，处理工作需要分开进行，处理方法、处理流程也都不一样。

（1）呆料的处理

①呆料的处理方法。呆料产生于不同的部门，在产品生产的每个环节都可能产生。因此，呆料的预防需要多个部门联合执行，各自把好自己那一关。同时呆料不等于没有价值，有很多是可以二次利用的，因此，处理起来应该本着"能用择优"的原则。具体方法如表8-3所列。

表8-3　呆料的处理方法

序号	方法
1	仓储部每月统计各项呆料数，供生产部门、设计部门、采购部门参考
2	调拨其他生产车间
3	设计部设计能用上呆料的新产品
4	低价处理或与供货商交换其他可用物料
5	销毁

②呆料的处理流程。呆料的处理流程如图8-12所示。

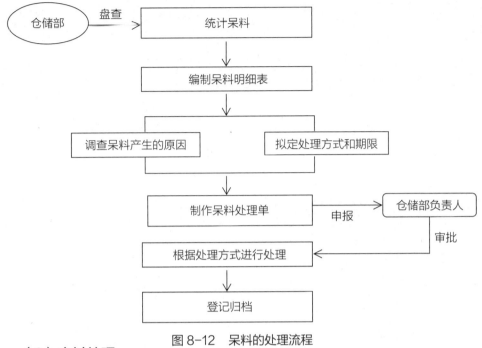

图 8-12　呆料的处理流程

（2）废料处理

废料的二次使用价值不大，处理起来比较简单，一般由仓储部直接处理。即开设废料区，将废料分门别类存放。当废料积累到一定程度时，做出售处理，同时登记在案。具体处理流程如图8-13所示。

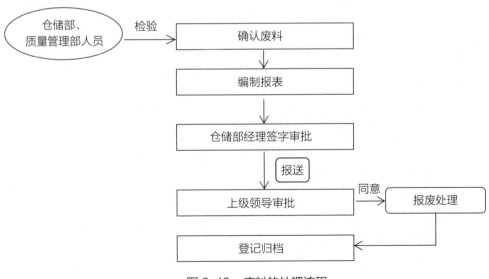

图 8-13　废料的处理流程

8.5.4 有效预防物料变成呆废料

物料是企业价值的表现形式之一，一旦成为呆废料，对企业而言意味着是一种损失，甚至带来巨大的危机。为了防止呆废料的产生，最主要的还是做好预防工作，而这种预防工作要求企业多个部门通力协作。

（1）销售部门

销售是与市场联系较为密切的部门，应该及时预警有关产品的市场信息，并且提前做好物料呆滞风险评估。如果出现订单交期变更、取消或减少、客户需求变更等要第一时间通报，还要积极争取把有可能出现的物料呆滞风险向客户协调吸收，配合企业其他部门做好善后处理，减少企业损失。

（2）计划与物料控制部

负责物料需求计划的运行分析、物料需求的提出、进料管理和存货控制；消除潜在的物料呆滞风险，负责生产过程中的市场需求变更、设计变更、订单交期推迟、客户订单数量减少或取消的预警和主导、善后处理；负责企业制造资源计划系统数据准确性分析和物料需求计划的需求分析，防止出现多下单或错下单。

（3）生产部门

生产部门负责根据生产工单和领料单指令按量按时领料生产，杜绝超单生产。还要确保物料在搬运、使用过程中的防护，避免刮伤毁损等造成物料报废，并严格按照生产工艺要求执行生产，避免出现生产工艺参数错误等造成物料报废，同时需及时退还车间余料，避免物料在车间积压呆滞。

综上所述，为预防呆废料的产生，各个部门在通力合作的基础上，可总结如表8-4所列的8条。

表8-4　预防呆废料产生的内容

序号	内容
1	加强与销售部的沟通，协调产销，妥善处理紧急订单
2	制订合理的生产计划，依据订单和进度进行生产
3	设计完成后经过完整的实验并有较好的市场前景时，方可投入生产

序号	内容
4	加强对生产现场的管理，优化领料、发料的管理
5	加强对生产工人的培训，减少各环节呆废料的产生
6	做好物料盘点清理工作，控制库存量
7	注意仓库的卫生与安全
8	加强物料仓储计划的稳定性

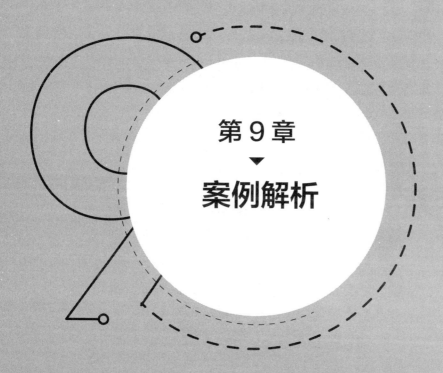

第 9 章

▼

案例解析

　　案例是含有问题或疑难情境在内的真实发生的典型性事件，本章列举并分析了 6 个具有代表性的企业采购案例。根据这些案例，读者可以对相关采购问题进行深入的研究、分析、挖掘，从中寻找带有规律性、普遍性的问题和解决方法，这是一种快捷、准确的学习方法。

格力电器：自建+第三方的物流模式

格力空调董事长董明珠，在2017年曾有一次公开发言："近几年原材料价格飞速上涨，我的同行都在绞尽脑汁怎么抬升价格，但我并不着急，升价或降价带来的后果并不是挣钱的多或少如此简单，它进而影响着格力在市场中的主动位置。格力企业有社会责任感，考虑到价格对社会民众的影响，我们决定不涨价。再者格力空调在国内市场的份额已经超过了50%，如果我们不涨价，其他品牌的空调可能也就涨不了价了。"

可见，面对瞬息万变的市场和激烈的竞争，大多数企业依靠提升产品价格实现盈利。而格力坚持不涨价，那么它是如何保证自身利益的呢？其中一个重要的原因就是它的采购模式与众不同。格力的采购模式如图9-1所示。

图9-1　格力公司的采购模式

（1）第一种：自建物流公司

格力拥有自己的物流公司，2007年7月，格力集团投资珠海一家物流公司，并将公司名称改为珠海市格力物流有限公司。该物流公司日后成了格力的物流配送中心，为格力构建自己的物流体系奠定好了基础。据悉，该基地接近占地两万平方米，大大方便了货物的置放，由于家电类产品都比较大型，有了自己的基地就不必担心货物无法处理。同时，该基地处于保税区，拥有公共保税仓和出口监管仓资质，也有利于格力家电的出口。

同年，格力又与全球最大的工业及物流地产开发商美国普洛斯公司合作，建设国际物流园。至此，格力用短短1年时间基本完成了在港口物流领域的区域性战略发展布局，包括港口码头、物流园区、高端VMI、跨境保税物流等在内的区域性完整物流产业链战略布局。

（2）第二种：与第三方合作

除了自建物流公司外，格力在全国范围内的商品流通主要还是依靠与第三方物流公司合作。格力在不同地区，会选取最好的物流公司来承载采购和货运，把家电以最快的速度送往全国各地。

可见，格力的物流模式大体上有两种：一种是格力公司本身为其法人，是属于格力投资的物流公司；另一种是以其他企业为法人的，即与格力合作的第三方公司。但无论哪一种，在运营上都遵循一个模式：订单模式。

依据其订单模式，首先，销售分公司根据市场情况及其下属经销商情况等，向生产基地下订单；其次，付款，由生产基地生产后，再经物流部发出；最后，由销售分公司自行提货，提至自己的仓库后自己销售或分配给经销商等。

格力物流在管理上实现了全面信息化，使用MES管理系统，这从根本上扭转了传统、落后的物流配送人工模式，以信息化手段解决了格力公司物流配送流程混乱、控制松散、效率低下等系列问题，很大程度上强化了自身物流建设和对第三方物流的控制。

国际制造执行系统协会对MES的定义是"MES能通过信息的传递，对从订单下达开始到产品完成的整个产品生产过程进行优化的管理，对工厂发生的实时事件及时做出相应的反应和报告，并用当前准确的数据进行相应的指导和处理"。MES系统是面向企业生产管理的新一代信息系统。它以提高生产效率，降低生产成本、缩短交货期、改善客户服务为目标，运用计算机网络把各个自动化孤岛连接起来，运用信息化手段管理和优化全局生产流程，实现从产品订单开始，直到产品交付的整个生产管理流程自动化。

有了MES系统，企业可以实现生产全线自动化；有了MES系统，下层自动化系统与上层ERP系统就能实现无缝的集成。显而易见，MES系统是企业信息化系统的不可缺少的组成部分，格力于2008年开始引用MES物流管理系统，首先在外协钣金物料、电机、压缩机等物料上试点，随后在其他采购物料上展开。

格力的物流模式为自身的发展创造了很大的商机，保证其在同行业强势的挑战下，保住了自己的市场份额和竞争优势。

海尔集团：集中采购模式

海尔是国内外很多消费者耳熟能详的家电品牌之一，在业界享有非常高的知名度和美誉度。海尔自1984年成立以来，产品不断创新，由最初的冰箱，逐渐扩展到空调、洗衣机、电饭锅等多种电器，迅速发展成同行业龙头企业。海尔能取得如此骄人的业绩，与其科学、合理的采购制度是分不开的。那么，海尔的采购制度是怎样的呢？

海尔采取的采购策略是利用全球化网络集中采购，以规模优势降低采购成本，同时精简供应商队伍。海尔集中采购模式的特征如图9-2所示。

图9-2　海尔集中采购模式的3个特征

（1）采购集团化

海尔对物流进行了整合，其第一步就是整合采购，将采购集团化。海尔实行全球化采购，在全球范围内采购质优价廉的零部件。其战略是在最低总成本条件下通过及时的购买来支持制造系统，大到几百万元的设备，小到办公用品诸如圆珠笔、订书机等，都按集中采购进行操作。

利用整合后的集团优势，大宗物料实现了大规模采购，从而获得国内同行业内最优的性能价格比。例如，彩色显像管，整合前只能拿到生产商二三类客户的价格，集中采购后，就可享受生产商一类客户价格，平均每台至少可便宜10元，而且供货服务得到保证。仅此一项，海尔全年至少节约580万元。供应商有2000多家的海尔通过整合采购、加强采购管理，使供应商的数目减少到1000多家，集团采购人员减掉了1/3。实行集中采购后，招标竞价的成本每年降低5%以上。

（2）采购规模化

海尔集团采取战略中心采购模式，将供应商分散在全世界大大小小23个生产基地，目的在于形成规模优势。海尔集团将物料采购集中在四个范畴或种类，主要包括原材料、系统机械、电子电器和手机部件四大类，在单方面采购的同时，充分借力和整合资源，在多方合作下与世界其他五百强企业形成利益链关系，在战略联盟中达成共同创新开发新设计、新材料的合作关系。

同时，海尔在海外设立多个物流中心和进出口物流管理中心，负责直线到货，以此降低中间成本，与各物流公司达成长期稳定合作关系，以获取成本保障和优质的服务为前提，在双赢中谋求采购制度的柔性发展。

（3）采购统一化

海尔集团采购部总共有5个岗位的要职人员，这5个岗位分别是部长、商法人员、采购人员和设备管理人员，其中采购人员负责执行，配备为2人，相互牵制、相互配合。开始采购前，主要有两方面工作：一是寻找和确定供应商，海尔属于国际跨国企业，除了在贸易会上竞标外，也同步在网上搜索合适的合作方；二是对所采购内容和成本的估算，以海尔的三大采购目标为基准，即产品零库存、与客户零距离和零运营资本。

在上述基础上，海尔形成了一套灵活的采购计算模式，坚持物流重组，实现统一采购、统一运送、统一仓储，内部销售实现一体化，外部供货保持在一定的时间内。

海尔的这种集中式采购模式，经过多年的实践和改革，已经证明非常有优势，对于海尔来说，具有十分强的生命力和实用性。其优势主要表现在以下5个方面，如表9-1所列。

表9-1　海尔集中采购的5个优势

序号	优势
1	一方面降低库存量，另一方面保证信息传达的时效性，大大提升供应商管理的效率
2	实现了采购的扁平化管理，摆脱和杜绝在采购内部管理和激烈市场竞争中的不正当交易，由体制障碍转变为以人为管理中心的采购制度
3	在采购物料和成品的运送流程上，以新型网络作为载体，有助于提升服务质量，优化采购成本
4	无论线下还是线上营销能力都更强，保证全球范围内配送零部件的时效性
5	与供应商关系更加协调，在不断地审核和淘汰劣质供应商的同时，找到质量最佳、创新能力较强的企业来合作，逐渐转换为战略性的合作伙伴关系

另外，与格力一样，海尔在采购制度上最大的特点也是实现了信息化。互联网时代，信息化是企业采购管理的一大趋势，尤其对于制造业内部最重要、最基本的活动生产，它的相关信息尤其需要得到实时的处理和分析。海尔利用互联网信息化，成功地扩大市场范围，以规模和数量优势降低采购总成本，进一步增强企业可盈利的空间和能力。

9.3

苏宁电器：三位一体的采购模式

苏宁电器是我国家电业中知名的传统零售企业之一，集传统家电、百货、日常用品等销售于一体。近年来，传统零售企业纷纷转型。其中，最为行业所称道的就有苏宁。在智慧零售指导下，苏宁实现了线下实体店与线上电商的全方位结合，并在此基础上进一步开拓自己的业务范围，使自己的服务逐渐形成体系，并逐步形成了生态圈。在政企公共资源采购这个万亿级的市场里，苏宁的采购转型也在进行中。

苏宁电器的采购模式采用的是三位一体模式，即综合利用包销、集中采购与创新零采购的模式，如图9-3所示，实现了采购的合理化、科学化。

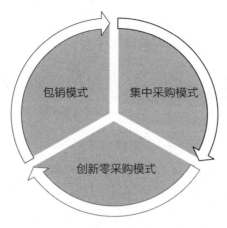

图 9-3 苏宁电器三位一体采购模式

（1）包销模式

包销模式是指先付款把产品买下来，再转手在卖场卖。这样有利于调动包销商经营的积极性，并利于包销商的销售渠道，达到巩固和扩大市场的目的，同时还可以减少多头经营产生的自相竞争的弊病。

（2）集中采购模式

苏宁聘用专业化采购人员进行集体采购，而且只有一个采购部门，因此采购方针与作业规则一致，比较容易统一实施；采购功能集中，减少人力浪费；便于采购人才的培养与训练；推行分工专业性，使采购作业成本降低，效率提升；稳定了本企业与供应商之间的关系，得到供应商在技术开发、货款结算、售后服务支持等诸多方面的支持与合作，有利于更紧密合作和稳定供货渠道。同时，在各部门建立共同物料的标准规格，大大节省检验工作，减少了管理上的重复劳动。

集中采购模式有诸多优势，十分有利于采购决策中专业化分工和专业技能的发展，以及提高工作效率，及时掌握供求信息，做好协调工作。

但这种模式也是有缺陷和不足的，那就是在采购流程过长，易延误时效；对于零星的、地域性的及紧急的采购状况难以适应；采购与使用单位分离，采购绩效较差；而且由于采购产品多样，难以实现一站式采购。

（3）创新零采购模式

创新零采购模式也叫直供，直供使渠道扁平化，减少了中间环节，留出了更大的让利空间，使得消费者可以获得更实惠的价格。

苏宁的创新零采购模式体现在直接向惠普中国工厂提货。惠普向苏宁直接发货，通过无缝对接，缩短产品从出厂到苏宁门店的时间。合理且科学的供应商管理体系保证了苏宁的采购的顺利进行。

苏宁与惠普的战略合作，使消费者可以在苏宁购买到惠普的最新产品，惠普全球最新概念产品及其革命性技术也将第一时间在苏宁展示。惠普将向苏宁提供全方位的技术支持，而苏宁也将提供更加方便快捷的配送、安装、上门维修以及远程电脑服务，苏宁全面专业的电脑维修保养服务和"阳关包"延保服务等更能为惠普产品销售增添苏宁品牌附加值。苏宁制订了以统购分销为主，自主采购为辅，大规模统一采购以及获得较低采购成本赊购或授信额度的零售导向等一系列的采购战略。

与此同时，为了增加综合家用电器产品的经销种类，扩大公司市场规模和机会，加大连锁店的发展速度和整合力度，集约和扩大连锁销售规模，苏宁实施了市场扩张战略以及后向一体化战略。首先，苏宁会对供应商产品质量保障能力以及降低成本能力进行评价并划分等级；其次，选择性地与部分供应商合作，并根据与该企业的组织相容性以及战略目标兼容性划分合作程度。其中，独家代理优势以及供货商与苏宁的良好伙伴关系为其占领全国市场提供了较好的基础。并且，苏宁公司与一些家电生产企业的龙头签订代理协议及战略合作协议，具有强强联合的品牌效应，提高了品牌的认可度，高回报率地实现了双赢。

苏宁建立的采购模式有效保证了采购目标的实现。它以采购价格成本的控制情况以及应付账款的准确性、及时性为指标，提高了采购工作的质量和效率，降低了采购成本，使企业整体效益提高，最终促使企业实现良性发展。

9.4

苹果手机：集权+分权的采购策略

苹果手机自问世以来，拥有着广阔的国际市场和良好的消费者口碑，这让其他手机品牌望尘莫及。尤其是其核心技术和机型设计站在了整个产业链的顶端，从而保证每一代手机更新换代速度快，屏幕反应力敏捷。那么，苹果公司是如何能够在短时间内，生产出消费者满意的手机呢？这离不开苹果公司独特的采购制度。

众所周知，苹果公司与全球很多大型手机制造商都有良好的合作，比如，每年要向三星购买十几亿的零部件。其实，这是苹果公司采购策略的一部分，这些供应商的获得正是苹果公司采购策略实施的结果。

苹果公司运用集权与分权相结合的采购策略，放眼全球，寻求与众多相关零部件企业的合作，建立起灵活多变的供应链，让全世界原料供应商真正地为己所用。

常言道："打蛇打七寸，擒贼先擒王。"只有看到关键问题，才能够找到解决问题的办法。对于苹果公司而言，其自身优势在于掌握着手机最核心的技术：芯片；其劣势是在外壳制造和其他零部件制造方面经验不足、条件有限。正因如此，苹果公司在采购策略上兼具内外需求，采取了集权与分权相结合的采购策略。集权和分权结合的采购策略如图9-4所示。

图9-4　苹果公司集权＋分权的采购策略

（1）集权采购

苹果公司的集权采购着重体现自身的优势，并且使得这种优势成为竞争的"核心武器"。例如，核心技术的开发和实验，这主要归属于研发部门的责任；公司高层需要根据国际市场情况和供应商的生产能力，做出细致准确的决定，也就是确定苹果要与哪些国家的供应商合作。公司的中层管理人物执行上级意见和决定，将其下属员工进行仔细分工和划责，比如说采购部领导人要把采购内容和数量告知员工，方便其到国外进行实地谈判。同时管理人员有责任与生产部进行任务对接，确保采购目标符合企业运营能力的要求。当然其与财务部的交涉也必须及时准确，有助于财务处核实采购成本的真实性和合理性，促进采购速度和效果的提升。

可见，苹果公司的集权采购对具体的采购内容做了设定，同时这也是根据公司生产制造能力和采购成本优化做出的精准的选择。

（2）分权采购

苹果公司的分权采购重在弥补自身的不足，比如手机外壳的生产、某个手机程序的开发等。苹果公司将整个生产过程分解成多个小环节外包出去，根据自身实际生产效率，集合工人成本和运费投入，把全球各个合作伙伴作为生产加工和提供零部件的合作方。这样一来，苹果总公司在整个生产链中并不占据核心位置，却能赚取核心技术带来的高昂利润。

苹果公司采用独特的采购方式，迎合现代文明的商业模式，称得上是一种互惠互利、合作发展的巧妙处理。以下是这种模式的优势。

① 集权适用于组织内部管理，大大提高了裁决的效率，执行力强，促进生产加工效率的提升。

② 分权打破了生产者和消费者的界限，全球范围内的采购商和供应商，既是生产合作者，又是产品消费者，使得苹果品牌树立起坚实不倒的地位，受国际局势的影响小。

③ 将东南亚国家和发展中国家作为产品加工生产所在地，增强了苹果在同行业发展中的竞争力和持久力。

④ 对于国际市场的快速感知能力，能够保证苹果公司及时地调整采购内容和数量，以适应消费者需求。

集权与分权，一直以来都是稍中型企业在采购策略上的首选，国内外很多优秀的企业表现出来诸多集权的特征，比如乔布斯、贝索斯、任正非都是集权者的代表。同时，在互联网时代，大家又在强调参与感、强调民主，所以，分权又非常盛行。苹果公司集权＋分权的采购制度兼具原则性与灵活性，让采购活动可供选择的可能性较多，最大限度地获取利润，降低投资和管理风险。

9.5

美国本田：基于成本的采购模式

企业必须树立正确的采购成本意识，这是企业持续发展的先决条件之一。这是因为采购是一项支出活动，包括原材料费用、人工费用及其他支出，成本的高低直接影响采购的质量，进而影响整个企业的总投入。因此，采购人员必须树立成本意识，根据企业实际需求，平衡采购成本和收益比重。

美国本田公司十分重视采购的成本。其采购制度也是基于科学的成本模型而制订的，在实际采购活动中始终坚持成本分析、把成本优化落实到每次实践行动中。

该公司运用采购成本模式大大降低了采购成本，建立成本模型是本田采购工作的第一步。成本模型的基本原理是本田俄亥俄州工厂东部自由区高级采购经理约翰·米勒所创，他说："首先制订产品的价格，然后扣除利润，剩下的就是成本；紧接着拆分这些成本到各个零部件，比如，汽车引擎、底盘、轮胎等；最后根据各个地区的实际市场情况为零部件的购进设定目标。"

同时，建立成本模型要与客户附加值的提高相配合，光制造出高质量的汽车还不够，还得让客户感到满意，所以说降低成本的30%也并不是不可能。只是采购方要加深对供应商的了解程度，采购经理查尔斯·贝克曾说过："我们得对供应商进行成本结构分析，通过他们的制造过程分析其成本投入，从而估测到我们的成本投入是多少，甚至有的时候，我们必须做到比卖家自己还清楚成本结构，哪怕是世界级的供应商也能够被计算出成本结构，这正是我们企业的采购目标之一。"

可见，基于成本采购的模式非常有优势，尤其是在后期财务管理阶段和实施阶段。具体有以下4点。

① 建立科学系统的采购体系，从采购成本细节把控入手，使得成本优化目标更准确，符合企业的实际需求。

② 促进本田企业生产的正常持续运营，使得零部件的购进与生产组装的速度相一致，满足了生产经营的利益所需，成为新一批成长规模较大、发展态势较稳的汽车领先企业。

③ 收获了众多"回头客"，客户忠诚度的建立不是一朝一夕就可以达成的，而是在每一次实际贸易中获得的，本田企业宁可降低成本，也要树立坚实的客户忠诚度，这是企业用多少钱都买不来的。

④ 美国本田公司对于成本预测方法的熟练掌握，同样惠及与其合作的供应商。在供应商心目中树立真诚友好的形象，互帮互助不单是供应方降低采购方的成本底线，而且还需要采购方实时传递生产状况、技术革新情况等有效信息，由

此促进供应方生产结构、规模的有效调整。

美国本田公司在实施这一采购制度的过程中，也遇到不少麻烦和困难，毕竟建立成本模型需要高质量的人才和精密的机器设备，无论少了哪一项都会导致谈判结果不准确，缺乏可信度，严重的还会影响到己方利益。协调与供应商的关系，有时候需要做出较大的让步，选择有原则、值得信赖的合作方会让交易更顺畅，否则带来意想不到的可怕损失，这要求经营者要时刻擦亮眼睛，抛去合作关系，更考验对供应方信誉和品格的衡量。

双汇集团：基于质量的采购模式

双汇集团在经历了"瘦肉精"事件之后，重新设定了其采购制度，这也被称为是一次彻底的转型。对于双汇集团这样的大型食品生产制造企业，采购必须严格把控，对于采购的物资不仅仅要注重成本、价格，更要注重质量。

双汇集团基于质量的采购模式具体实施时可以分为3个阶段，具体如图9-5所示。

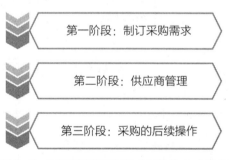

图9-5　双汇集团采购模式实施的3个阶段

（1）第一阶段：制订采购需求

双汇销售量在同行业中位居前列，每次制订采购计划表之前都要分析上一年猪肉的销售量，并由此推测出新一年的采购量，而且要考虑到供货风险管理，保证存货不多不少。采购部要先把物料计划表转交给财务部，财务部有责任对其进行审核，通过后再开始实施线下采购。

（2）第二阶段：供应商管理

在多渠道、多范围搜寻采购目标的前提下，制订对应的供应商调查表，将采购质量、生产能力和质检报告几个指标作为一定参考，经过初审、复审等多次反复考察，寻找到最后相对正确的合作对象。

（3）第三阶段：采购的后续操作

后续操作主要是对原料的质量审核，通过抽检、复检等方式，找出其中不符合要求的产品，最终要达到的目标有：完成付款前的质量核查、保证付款的有效性。在仓储部入库时可再次清点入库产品的质量和数量，对原有存储进行调整，同时将目前的存储情况告知采购部，为下一阶段的采购需求做准备。

总的来看，双汇采购制度是十分完善、合理的。首先，从企业物料需求计划的制订出发，寻找满足质量、数量等各项要求的供应商，确定采购价格和订立合同；其次，检验样品，样品一旦检验合格，则验收成功、签订合同；最后，由财务把关，采购部将账单和财务对接付款，否则本次合作将会终止。

双汇的整个采购流程并不复杂，但每个环节都制订了严格要求，其中有3个关键点。

第一，保障原材料供应，不仅要及时地满足企业生产操作的正常发展，同时要与仓储部相互配合，保证库存不会积压，也降低了缺货的风险。

第二，双汇集团制造的产品主要以肉类加工产品为主，比如火腿肠、冷鲜肉等，高成本和高利润带来了较大风险。一旦采购的原材料猪肉出现问题，进而影响到产品食用是否健康，换言之其与人民生命财产安全息息相关，由此双汇集团肩负着社会责任和企业责任。

第三，双汇公司和市场对接点的协调配合，否则任何信息延迟和不对称，都会使得双汇掌握不到消费者需求走向，在与各大供应商的合作中缺乏领导和指挥的本领。

双汇采购将质量视为第一要务，并时刻对采购物质的质量进行跟进，以保证采购物料的最优化。上面的采购制度则最大限度地保证了所采购物料的质量和安全性，这也使得其成为同行业中一个特色的采购模式。双汇采购制度的4大特色，具体如表9-2所列。

表9-2 双汇采购制度的4大特色

序号	特色
1	双汇采购有淡季和旺季之分，主要依据是生猪的成长期。在旺季来临前增加对养殖基地的采购量，以保持自身的优势，在储存的同时兼顾肉质标准
2	定时更新收购标准，增大供应商的淘汰率，引进先进的质量检查设备，确保采购质量，完善和拓宽采购渠道的多样化和销售渠道的多样化
3	采购业务与财务对接责任区分化，明确不同岗位职责和权限，保证采购部和财务部在业务范畴内的分离、制约和监督。同时仓储部和质检部也应各自承担起相应的责任，保证企业内部结构管理有序、协调
4	在供应商的关系处理上，坚持利益一致原则，将短期合作转变为长期合作，加强战略合作管理，共同享有利润，共同分担风险，把激励变成有效监督

　　双汇集团的采购模式有其科学性和规律性，但不能适用于特殊情况的处理。过于程序化的步骤使得整个采购过程井然有序，每个部门各司其职、权责分明，组织结构得到规范，但决策效率比较低，需要多方协调才能完成。另外，采购环节的执行要耗费大量的人力，这给企业成本优化带来了一定的考验。